U0476227

图书在版编目（CIP）数据

藏在《论语》里的接话技术 / 张金文编著. -- 南昌 ：
江西美术出版社， 2023.7
ISBN 978-7-5480-9463-0

Ⅰ. ①藏… Ⅱ. ①张… Ⅲ. ①心理交往—语言艺术—
通俗读物 Ⅳ. ①C912.13-49

中国国家版本馆CIP数据核字（2023）第105764号

出 品 人：刘　芳
企　　划：北京江美长风文化传播有限公司
策 划 人：在下金文
责任编辑：楚天顺　张　颖
特约编辑：陈学敏
视觉设计：刘思涵　崔恒祥

藏在《论语》里的接话技术
CANGZAI LUNYU LI DE JIEHUA JISHU
张金文 编著

出　　版：江西美术出版社
地　　址：江西省南昌市子安路66号
网　　址：www.jxfinearts.com
电子信箱：jxms163@163.com
电　　话：0791-86566274　010-82093808
邮　　编：330025
经　　销：全国新华书店
印　　刷：晟德（天津）印刷有限公司
版　　次：2023年7月第1版
印　　次：2023年7月第1次印刷
开　　本：710mm×1000mm　1/16
印　　张：13.5
ISBN 978-7-5480-9463-0
定　　价：58.00元

本书由江西美术出版社出版。未经出版者书面许可，不得以任何方式抄袭、复制或节录本书的任何部分。
版权所有，侵权必究
本书法律顾问：江西豫章律师事务所　晏辉律师

代序

重新发现孔子的口才智慧

如果在历史上找一个最能代表“中华文化”的人，自然非孔子莫属。

孔子是春秋时期的思想家、教育家，他一生从事教育，并且其弟子习惯于将老师的“善言嘉语”进行记录。孔子所传授的学问，也被分为“孔门四科”，其中有“言语科”。比如，宰予和子贡两人都以口才著称。宰予位居言语科第一，而子贡只能甘居第二。

《论语》是孔子的弟子及再传弟子记录孔子师徒言行而编成的语录文集，是集体智慧的结晶，是中国古代语录体散文的典范。

口才万法之宗

《论语》详细记录了孔子及其弟子的言行，浅显易懂，言近旨远。通观《论语》的语言风格，很接近口语，但传达的内容意蕴丰富。

《论语》中有很多语言的“梗”，多年来已潜移默化地融入中国人的语言习惯和思维方式中。从某种意义上来讲，孔子是所有中国人的老师。《论语》中的说话艺术，也可以称为口才的万法之宗。

《论语》首先是一本“载道”之书，它涉及的口才内容，大多是关于政治游说、外交斡旋、政治辩论的。

《论语》中的很多话，厚重朴实，蕴含智慧。从“术”的层面讲，相较于“市井口才”中的“小技巧”，《论语》中的口才并没有特别突出的优势，甚至可以说存在“短板”，因为孔子本人推崇的是“讷言敏行”，非常反感“巧言令色”。

俗话说：“隔行如隔山”。然而，“隔行不隔理”。在《论语》中，不乏关于赞美与肯定，拒绝与否定，具有亲和、幽默感的说话例子。

在汉语中，赞美、幽默、拒绝，这仅仅是一种“热闹”的语言艺术，正所谓“外行看热闹，内行看门道”。《论语》里面还有很多事例体现孔子的譬喻、机辩和教诲。因此，《论语》中还有更高的价值，比如：机辩、譬喻、义理等。

理解语境，才能“说正确的话”

管理学上认为“做正确的事”比“把事情做正确”更重要。无论是《论语》中“载道”的口才，还是市井口才中的话术技巧，其实都是为实现目标服务的。

与人沟通时，“说正确的话”比“把话说得漂亮”更重要。如果能结合语境，传达出正确的立场，哪怕是“讷言”，效果也远胜于罔顾立场与事实的“巧言”。

因此，要理解《论语》中那些金句的精髓，就很有必要分析《论语》中这些对话的语境，理解其背景故事。

《论语》编撰于春秋末期，最终成书于战国前期，是由若干片断辑录而成的语录体文集，这些篇章的编辑整理，并非出自一个人之手。这些篇章之间的顺序，也未必有什么特定的规则。当今时代，如果只是孤立地读这些“金句”，往往会陷入“读《论语》而不知《论语》”的境地，很难有新的收获。

本书在编撰过程中，尤为重视挖掘相关史料和故事，把读者“代入”这些语境。

我们设身处地地想一想，如果我们面对那些冲突与矛盾，我们应该如何接话和应对？

“说正确的话”的关键，在于理解语境，结合语境，传达出明智的立场与主张。至于文采、技巧只起到锦上添花的作用。如果本末倒置，只能像《三国演义》里的杨修一样，说得越多，错得越多。

常读常新的语言艺术宝典

从16世纪开始，西方传教士陆续来华，如罗明坚、利玛窦等，他们将《论语》翻译成不同的语言，将中国文化介绍至西方。

作为儒家文化的必读经典，《论语》更是对“大中华文化圈”产生了深远影响。

19世纪末，翻译家辜鸿铭将《论语》译成英文版出版，此时适逢日本前首相伊藤博文访华，辜鸿铭送了一本给他。伊藤请教道：“先生精通汉学，难道不明白孔子的学说，两千多年前行得通，但今天却已经落伍了吗?”

辜鸿铭答道：“孔子的学说与方法，就好比数学，两千年前，其法是三三得九，如今20世纪，其法仍然是三三得九，并不会三三得八。”《论语》一直以来都是一部常读常新的经典。让我们一起重读《论语》，领略孔子及其门生的语言艺术。

目录

第一章 孔子的快乐与幽默

第二章 孔子善于拒绝

第三章 孔子从不吝惜赞美

第四章 批评与教诲的艺术

第五章　譬喻的说理方法

第六章　孔子对公共事件的批判

第七章　机锋与思辨

第八章　简明扼要，一语中的

第十章　夫子自道

第九章　孔子的洞见与预言

第十一章　微言大义，文采若云

第一章

孔子的快乐与幽默

第一章

孔子的快乐与幽默

孔子一生坎坷，充满了悲剧色彩。在很多人的印象中，孔子应该是一位不苟言笑的老夫子，丝毫没有幽默之感。

但是，当我们翻开《论语》，认真研读孔子的说话风格，就会发现，他的话语充满了智慧的光辉，洋溢着坦荡和豁达。正如林语堂先生在《论孔子的幽默》中所言："须知孔子是最近人情的，他是恭而安，威而不猛，并不是道貌岸然，冷酷拒人于千里之外。"

快乐，是治学的第一要义

《论语》第一字是"学"；《论语》第一义是"乐"。论语开篇，《学而篇第一》：

> 子曰："学而时习之，不亦说乎？有朋自远方来，不亦乐乎？人不知，而不愠，不亦君子乎？"

试译：

孔子说："学了，然后按一定的时间去实践，不也是很高兴吗？有志同道合的人从远方来相聚，不也是一件很快乐的事吗？人家不了解自己，并不因此怨恨，这不也是一种君子之风吗?”

作为《论语》开篇首章，《学而》所突出的是“说”与“乐”，可见孔子的一个基本思想，就是对“乐”的推崇，也为全书定下了基调。

著名学者李泽厚先生在《论语今读》中提出了一个观点：以儒学为骨干的中国文化的底蕴，是一种“乐感文化”。

子曰：“吾与回言终日，不违，如愚。退而省其私，亦足以发，回也不愚!”

试译：

孔子说：“我整天和颜回讲学，他的态度始终都是恭敬不提反对意见，那种唯唯诺诺的态度，像个蠢人。但他回去之后自己研究，却能不断反省对话的内容，又有所发挥，可见颜回其实一点也不愚蠢。”

孔子这种欲扬先抑的言说方式，能达到一种幽默、轻松的效果。事实证明，敏而好学的颜回的确堪称孔门最聪慧的弟子，不仅深得孔子器重，而且在同门中拥有很高的德望。孔子能如此夸奖颜回，其实正是借此来教育他的其他弟子：学习必须要有谦恭的态度，更要勤于思考，这样才能日益精进。

待价而沽的美玉

孔子作为伟大的教育家，设有著名的“孔门四科”，言语科即四科之一，也就是教授口才。当然，这种口才和“为稻粱谋”的“市井口才”既有相通之处，也有明显的区别。

子贡就是“言语科”的高材生，也是杰出的外交家，有卓越的辩才。子贡喜欢并善于提问。有一次，子贡很委婉地和孔子说话，试图试探孔子的真实态度，到底是想出仕，还是归隐。

子贡曰：“有美玉于斯，韫椟而藏诸？求善贾而沽诸？”子曰：“沽之哉！沽之哉！我待贾者也！”

试译：

子贡说：“这里有一块美玉，我是把它放入柜子里藏起来呢？还是找一个识货的商人卖掉它呢？”

孔子回答说：“卖掉吧！卖掉吧！我（之所以隐居不仕）就是在等待一个识货者罢了！”

子贡善于经商，经常一开口讲话就用市场交易来打比喻，可以说是“干啥吆喝啥”。而孔子也很幽默，接过子贡的话茬，以良货自比，说我不是不想做官，只是还没出现识货的人而已。

孔子曾经表示，如果天下有道、政治修明，一个人无所作为是可耻的。由此可见，孔子一直有施展政治才华的迫切心愿。

孔子一方面将子贡含蓄的话头挑明，表示自己知道子贡想要说什么，而且直言不讳，将自己比作待价而沽的美玉。孔子就是这么睿智、随和、幽默。

孔子周游列国，自称是“待贾者”，所推销的是自己的政治理念，以宣传礼治天下为己任，期待着各国统治者能够采纳他的施政主张，让大道行于天下。

“待贾而沽”这个典故，就是成语“待价而沽”的出处。自此，在后世人中就有一个说法，叫做“学成文武艺，货与帝王家”。从此，天下士子再也不是向君王乞食，而是平等的交易，以自身的才智，作为与君王讨价还价的筹码。

在《红楼梦》的第一回有这样一段：“雨村吟罢，因又思及平生抱负，苦未逢时，乃又搔首对天长叹，复高吟一联曰：‘玉在椟中求善价，钗于奁内待时飞。’恰值士隐走来听见，笑道：‘雨村兄真抱负不浅也！’”

“玉在椟中求善价”一句就是出自《论语》中孔子和子贡的这段对话。

孔子与弟子之间的对话，多幽默风趣，平易近人，接近于日常对话。但同时，也坚守着自己的原则。孔子与子贡的这段对话，反映了一种灵活、机变的口才，也反映出了孔子求仕的心理。

等你发财了，我去为你管账

幽默是一种人格魅力，孔子就非常善于利用幽默的语言来化解尴尬。

公元前489年，孔子带领弟子准备去楚国，当走到陈国、蔡国之间，被一群服徭役的人围困，进退维谷。因为携带的粮食吃光了，他们七天七夜吃不上饭，险些丧命。

孔子确实有圣人的风范，在这样恶劣的情况下，依然弦歌之声不绝，非常沉稳。

可是，弟子们早就饿得不行，有些人思想开始动摇。

子路就问：老师您天天教我们做君子，饿成这样还怎么做君子呢？

根据《论语·卫灵公》的记载，孔子是这样回答的：

“君子固穷，小人穷斯滥矣。”

试译：

君子虽然穷，还是能保持风度，小人就不行了，一受穷就会变得无所不为了。

子贡这时候也对孔子说：“老师，您的大道是很好，可天下人都不照着执行，我们是不是得降低一下标准，来迁就世人？”

子贡是个商人，实用主义者。他认为，为了政治理想的推行，可以向现实低头，可以打折扣。

孔子断然叫停了子贡的这个念头，说：“今尔不修尔道而求为容。赐，而志不远矣。”

这句话翻译成白话是：“你现在不好好修道，却一心想着为了迎合世人而降低标准，子贡，你的志向不够高远呀。”

这个时候，颜回出来认同并支持老师。颜回说：

“夫子之道至大，故天下莫能容。虽然，夫子推而行之，不容何病？不容然后见君子！夫道之不修也，是吾丑也。夫道既已大修而不用，是有国者之丑也。不容何病？不容然后见君子！”

试译：

您的思想主张极为博大精深，所以天下没有人能够采纳，不被当权者所接受。虽然这样，夫子您推行便是，即使有人不容，又有什么关系呢？他们的不容，才能显示我们是君子。如果不研修夫子之道，这是我辈之耻。夫子之道已经修明，却不被当权者所采纳，那是他们的耻辱。天下不容怕什么？怀着高远的志向，不容于世才显出我辈的君子本色。

颜回的这番话逻辑缜密，铿锵有力，让孔子深感宽慰，于是孔子欣然而笑，开玩笑道：

“有是哉颜氏之子，使尔多财，吾为尔宰。”

试译：

好样的，颜氏之子！如果你发了财，我就去给你管账。

孔子在谈笑间巧妙化解了一场政治信仰危机。

耳顺，方能幽默

幽默是人生的润滑剂。孔子的一生，颠沛流离，却依然有那么多弟子一直追随着他，这与他幽默、达观的人格魅力分不开。

在面对别人的讥讽和误解时，孔子总能以豁达与幽默的态度，莞尔化之。《论语·子罕》中，有这样一段：

达巷党人曰：“大哉孔子！博学而无所成名。”子闻之，谓门弟子曰：“吾何执？执御乎？执射乎？吾执御矣。”

试译：

达巷这个地方有一个人说：“孔子真伟大！学问广博，不过很可惜，没有真正能拿得出手、树立名声的专长。”孔子听了这话，就对弟子们说：“你们说我该做什么比较好呢？是赶马车呢，还是专研射箭呢？我还是专门赶马车吧！”

这就好比一个素不相识的人，把当时的“名流”孔子取笑了一番，嘲笑他不够专注。孔子并没有生气，他顺着这位陌生人的思路，说自己以后要做一名技艺精湛的马车夫。

能做到“耳顺”，其实并非易事，需要修养达到一定程度，要心境平和，万事看开。只有这样，与他人沟通时，才能心意相会，幽默旷达。

宰鸡就要用牛刀

孔子跟鲁国季平子的家臣阳货长得很像，阳货这个人有不臣之心，非常残暴，曾侵犯过匡地（今河南省长垣县）的老百姓。

公元前496年，孔子在经过匡地时，当地老百姓误以为孔子就是阳货。于是就将孔子及其弟子团团围了起来，想要报仇。

孔子师徒被围之际，弟子们都很害怕。

孔子的一段话，稳住了局面，安抚了弟子们的情绪。《论语·子罕》中这样记录：

子畏于匡曰：“文王既没，文不在兹乎？天之将丧斯文也，后死者不得与于斯文也；天之未丧斯文也，匡人其如予何？”

试译：

孔子被匡地的群众围困了，说：“周文王去世以后，周代的文明与礼乐不正掌握在我这里吗？如果上天要灭绝这种文化，那我这个后死之人也就不会掌握这种文化了；上天如果不想让这种先进文化消失，那么，匡地的人将把我怎么样呢？”

最终，卫国大夫宁武子出面斡旋，消除了误会，孔子师徒才算是躲过一劫。

后来，阳货犯上作乱，谋反未遂，鲁国的权臣们由此认识到，孔子早年提出的反对“陪臣执国命”的忠告是多么有远见。他们在日后的事务处理中想依靠孔子来缓解政治危机。

鲁定公九年，孔子刚满51岁，也就是刚过所谓的“知天命”之年。这一年，孔子被鲁国任命为中都（今山东省汶上县）宰。

孔子一上任，就用“礼”的理念来治理中都。大约过了一年时间，中都社会风气大为改善，民风淳朴，治安达到了路不拾遗的程度。孔子施政崇尚朴实无华，实用而不奢靡，在吏治方面，人尽其材、人尽其用，据人的才能大小，授予不同职务。这使得很多诸侯治国纷纷效仿。

又过了几年，孔子的一个弟子言偃（子游），出任了鲁国武城的地方官，孔子有一次顺道去看望他，《论语·阳货》中有如下记载：

子之武城，闻弦歌之声。夫子莞尔而笑，曰：“割鸡焉用牛刀？”子游对曰：“昔者偃也闻诸夫子曰：‘君子学道则爱人，小人学道则易使也。’”子曰：“二三子！偃之言是也。前言戏之耳。”

试译：

孔子到了子游做官的武城，听见弹琴唱歌的声音。孔子微微笑着，对子游说道：“杀鸡何必用宰牛的刀呢？”

子游说：“以前我听老师您说过，做官的学道，就会有仁爱之心；平民学道，更容易听指挥（教育总是有作用的）。”

孔子转身向学生们说道：“各位，子游的话是正确的。我刚才那句话不过是同他开个玩笑罢了。”

对于老师的这句玩笑话，子游居然用老师以前说过的话来回答老师，可谓以子之矛攻子之盾，非常巧妙。

这一番雄辩滔滔的对白，孔子不但没觉得丢面子，反而深感欣慰。这是因为，孔子看到自己的弟子子游正在武城践行着他的以“礼乐”治国的理念。巷陌间的弦歌之声，仿佛孔子所追寻的周公时代的礼乐文明又要复兴了，他怎能不高兴呢？

自嘲是个老古董

人们常说，幽默的最高境界是自嘲，拿自己开玩笑，是一种高情商的表现。在《论语·述而》中，即有孔子自嘲的例子：

子曰："述而不作，信而好古，窃比于我老彭。"

试译：

孔子说："只阐述而不创作，以相信的态度喜好古代的文化，我私下把自己比作老子和彭祖。"

老彭，很多学者认为，指的是商代的彭祖。然而，根据南怀瑾先生在《论语别裁》中的观点，老彭其实是指两个人，老，是老子；彭，是彭祖。

本书中采纳的是南怀瑾的观点。

孔子谦虚地说自己"述而不作"。"窃比于我老彭"中的"窃"字，是自己对自己的谦称，把自己跟老子、彭祖相比。"我老彭"，老彭前面有个我，表示亲近。

孔子的意思是说，我的思想没什么创造性，不过像老子、彭祖一样，传承古老的文化罢了。

什么叫述？就是承先启后，继往开来。好比现在说的散播种子，孔子并不会为标榜自己的"原创"思想，而夹带个人主观意识。

孔子以复兴周公时代的礼乐文化为使命，所以，他"信而好古"，就是相信并且喜欢传统的文化，他的使命就是要把这些文化保留、传承下去。

孔子晚年删《诗经》《尚书》，订《礼》《乐》，赞《周易》，修《春秋》。孔子在编辑、修订这些著述的过程中，全都是秉持古代圣贤的理念，“述而不作”。

不仅孔子“述而不作”，另一位大宗师老子也是“述而不作”，仅仅留下五千言《道德经》，老子说，自己是转述自容成氏。容成氏，是中国古代传说中的人物，相传为黄帝大臣，发明了历法。

谋幸福的“万世师表”

在《论语》中，我们可以见到孔门师生之间很多轻松俏皮的对话与讨论。杨绛曾说：“读《论语》，读的是一句一句话，看见的却是一个一个人，书里的一个个弟子，都是活生生的，一人一个样儿，各不相同。”

有一次，孔子和他的4个学生闲聊，让学生们各自谈谈自己的理想和远大志向。《论语·先进》中，高度还原了“万世师表”的孔子与四位弟子的一场“务虚会”。

子路、曾皙、冉有、公西华侍坐。

子曰：“以吾一日长乎尔，毋吾以也。居则曰：‘不吾知也！’如或知尔，则何以哉？”

子路率尔而对曰：“千乘之国，摄乎大国之间，加之以师旅，因之以饥馑；由也为之，比及三年，可使有勇，且知方也。”

夫子哂之。

“求！尔何如？”

对曰：“方六七十，如五六十，求也为之，比及三年，可使足民。如其礼乐，以俟君子。”

"赤！尔何如？"

对曰："非曰能之，愿学焉。宗庙之事，如会同，端章甫，愿为小相焉。"

"点！尔何如？"

鼓瑟希，铿尔，舍瑟而作，对曰："异乎三子者之撰。"

子曰："何伤乎？亦各言其志也。"

曰："莫春者，春服既成，冠者五六人，童子六七人，浴乎沂，风乎舞雩，咏而归。"（莫同：暮）

夫子喟然叹曰："吾与点也！"

三子者出，曾皙后。曾皙曰："夫三子者之言何如？"

子曰："亦各言其志也已矣。"

曰："夫子何哂由也？"

曰："为国以礼，其言不让，是故哂之。"

"唯求则非邦也与？"

"安见方六七十如五六十而非邦也者？"

"唯赤则非邦也与？"

"宗庙会同，非诸侯而何？赤也为之小，孰能为之大？"

试译：

有一天，孔子四个最亲近的弟子，子路、曾皙、冉有、公西华陪孔子坐着。

孔子说："我们来聊聊天吧。我比你们年纪大一些，没人用我了。你们平时总抱怨'没人理解我'，假如有人了解你们的才华，打算请你们出去，那么你们打算怎么办呢？"

子路抢先回答道："一个千辆兵车的国家，夹在大国之间，时时要面临外国军队的侵犯，国内又加以饥荒。如果让我去治理，等到三年，可以使人人有勇气，而且还懂得事理和道义。"

孔子听了，面露笑容，接着问："冉求，你怎么样？"

（冉有）回答说："假如有一个纵横各六七十里、或者五六十里的小国，我如果治理的话，等到三年，可以让老百姓人人富裕。至于修明礼乐，我还是要等待贤人君子来为之。"

孔子又问："公西赤，你怎么样？"

（公西华）回答说："我不敢说自己已经很有本领了，我愿意好好学习这些知识：我愿意在宗庙祭祀或者是同其他国盟会的时候，穿着礼服、戴好礼帽，做一个小小的司仪者。"

"曾点，你怎么样？"

（曾皙）弹瑟的声音正接近尾声，接着铿的一声，放下瑟，站起来回答说："我和他们三人所陈述的志向不一样。"

孔子说："说出来又有什么妨碍呢？正是要每个人聊聊各自的志向啊！"

曾皙说："暮春三月，春天的衣服已经穿定了。我和几个成年人、几个孩童到沂水旁边洗澡，在舞雩台上吹吹风，一路唱着歌儿一路走回来。"

孔子长叹一声说："我和曾点的想法一致啊！"

子路、冉有、公西华都出来了，曾皙走在最后。曾皙问孔子："其他那三个人的话怎么样？"

孔子说："也不过是各自说说自己的志向罢了！"

（曾皙）又说："那您为什么会对仲由微笑呢？"

（孔子说）："治理国家要讲求礼让，可是他（子路）说话毫不谦虚，所以我笑他。"

（曾皙）说："难道冉有所讲的就不是治国吗？"

（孔子说）："怎样见得纵横各六七十里或者五六十里的地方不算一个国家呢？"

（曾皙）说："难道公西华所讲的不是国家吗？"

（孔子说）："有宗庙祭祀和会盟，这还不算国家，又是什么呢？我笑他（子路），关键不在是不是国家，而是不够谦虚。如果像公西华这种有才干又十分懂礼的人，他说自己只能做一个小司仪者，那谁又胜任大司仪者呢？"

学者李零先生认为，这段对话可以这样理解：孔子的终极理想，也是要做一个快快乐乐的人，换句话说，就是要增强人民的幸福指数。

面对孔子的问题，依照古代的礼仪，回答者应遵从礼仪，左右观望，看看有没有其他人要发言。但子路是"率尔而对"，毫不谦让，自顾自地直接脱口而出。先不论回答的内容如何，仅仅是礼仪上就不符合要求。所以，孔子撇嘴一笑。

这让在场的弟子都看在眼里，所以，接下来的回答，都更循礼而行，一个比一个谦虚，从千乘之国到方圆几十里的小国，再从小国到小小的司仪，一直到做普通老百姓，享受田园生活。

子路讲的是军事、外交与教化，属于"强兵之策"；冉有讲的是"经世之学"，属于"经济策略"。公西华讲的是"礼"，而且是富起来才可以有的贵族之"礼"。

西方学者马斯洛的"需求层次论"认为，人在满足基本的生存需求后，才会追求更高层次的社会认同。中国古代的贤人管仲也说：“仓廪实则知礼节，衣食足则知荣辱”。在解决温饱问题后，才能讲“礼”，讲“乐”，这其实是一种更高层次的教化。

孔子和四位弟子的这场对话，每个人的发言都很有特点。孔子对每个人的发言都做了精彩点评。孔子既坚持原则又幽默随和的特点体现得尤为明显。

在孔子的总结发言中，把四位弟子的志向，看作是互相补充。孔子赞同曾皙之志，是因为前面三位讲的都是如何为政，但为政的最终目标是要使老百姓个人的幸福感得到提升。孔子将曾皙的志向作为终极理想，并不是否定其他弟子的观点，因为实现的过程也很重要。而曾皙的志向则是一种“乐”，是如何享受人生：享受田园生活，享受文明。这一切是建立在前三位理想之上的：生活安定是子路之志，经济富裕是冉有之志，文明和谐是公西华之志。没有社会安定、经济富裕和文明和谐，曾皙所追求的“幸福指数”是没有办法实现的。

《论语》中的幽默与讽刺艺术

孔子的幽默，有时候是一种黑色幽默，带有尖锐的讽刺。《论语·为政》中曾这样讽刺谄媚、见义不为的小人：

子曰：非其鬼而祭之，谄也。见义不为，无勇也。

试译：

孔子说：“不是自己应祭祀的鬼神，你却去祭拜它，这就是一种谄媚。见到应该挺身而出的事情，却袖手旁观，这是怯懦。”

中国古代讲究祖先崇拜，讲究孝道。所以，这里的“鬼”，不是通常讲的鬼怪的鬼，而是指代祖宗的灵魂。

古人认为，人死了之后会变成鬼。这个鬼是否存在，姑且不论。自己祖先，当然应该去祭祀。祭祀祖先，这叫做慎终追远。这其实也是在践行孝道，也是一种德。古人认为，有了德，才会获得某种福报。

孔子认为，自己家的祖先，当然应当祭祀。但如果不是自己的祖先，就不应当去祭祀。孔子反对去祭祀和自己没有什么关系的鬼，因为这种祭祀，大多数是为了求福求利，是一种带有谄媚色彩的行为，是违背“礼”的要求的。孔子的这句话充满了幽默感，又颇具批判力。

见义而为，需要大勇和胸怀。“勇”，就是果敢，勇敢。孔子把勇作为实行“仁”的条件之一。勇，也是为政的基本精神。当然，这个勇，必须是符合“仁、义、礼、智”的勇，否则就是一种“乱”。

孔子这样说，其实是在讥讽那些为谋利而谄媚的人，他们和见义不为的人一样，本质上都是把利看得太重，都是小人。孔子的这种幽默与讽刺，可以说酣畅淋漓，大快人心。

难道要我像个匏瓜一样吗

在《论语·雍也》中，罕见地记载了一段孔子的“绯闻”，这段故事的对白很幽默，也显示出孔子的处世风格。

> 子见南子，子路不说。
>
> 夫子矢之曰：“予所否者，天厌之！天厌之！”

试译：

孔子去见了卫灵公的夫人南子，子路不高兴。

孔子发誓说：“我如果不对的话，让老天惩罚我！让老天惩罚我！”

南子原是宋国的公主，嫁给了卫国的诸侯卫灵公。她是一个非常美丽的女人，虽然名声不好，但卫灵公非常宠爱她。

在卫国的历史上，南子虽然私德有瑕，在公共事务上倒也处理得当。卫灵公和南子当朝时，国政尚可。

孔子到卫国后，得知卫国的朝政由南子把持。人们告诉孔子，要想在卫国有所作为，非要得到南子的重视才行。

南子的一位下属也曾经对孔子说：“诸侯与本国国君结好，必见我们这位夫人。我们南子夫人也愿见见您。”

孔子认为这样做不妥，就借故推脱了。

但是，有一天，孔子还是见了南子。见面时，南子对他很是恭敬。历史上这样记载，二人相见时，中间挂一珠帘，南子穿了盛大的礼服，隔着帘子向孔子施礼，非常尊敬孔子。

孔子学生中脾气最大的子路听说这件事后，很不高兴，居然和老师闹情绪。孔子为表清白，发起誓来。

林语堂根据《论语》《史记》的相关材料，添加一些文学的想象，曾写出了一部独幕悲喜剧《子见南子》，一度在各地上演。林语堂在该剧结尾这样写：

孔丘：“我不知道，我还得想一想（沉思着）……如果我听南子的话，受南子的感化，她的礼，她的乐……男女无别，一切解放自然 （瞬间现狂喜之色）……啊！不，（面色黯淡而庄严）不！我走了！”

子路："哪里去？"

孔丘："不知道。离开卫，非离开不可！"

子路："夫子不行道救天下百姓了吗？"

孔丘："我不知道。我先要救我自己。"

孔子虽是圣人，却也有着普通人的一面，一点也不"假道学"。其实，在当时的诸侯国中，卫国在政治上还算比较开明的。孔子离开鲁国，到各国推销自己的政治理想，卫国对孔子最为照顾。

由于卫灵公的欣赏，南子夫人的卫护，卫国大臣蘧伯玉的照顾，孔子总算有了一个相对稳定的栖身之所。春秋时期的男女相处礼节，并不像后世的封建王朝那么严格，所以，孔子见南子这件事，其实并不算什么。而且，孔子在处世方法上也具有一定的灵活性。

一次，有一个名叫佛肸的叛臣召见孔子，希望孔子能去辅佐他。当时，住在卫国的孔子打算前去看看。子路再次向老师提出了自己的质疑。

这一次，孔子再次展示了自己的幽默与辩才。孔子回答子路："真正坚硬的东西是磨不坏的，真正洁白的东西是染不黑的。"意思是，我知道佛肸臭名远扬，但我意志坚定，是不会受到外界污染的。孔子说"吾岂匏瓜也哉，焉能系而不食？"意思是，他不能像一个匏瓜一样，挂在那里毫无作为。虽然明知佛肸不是什么好人，但为了推行自己的政治理想，哪怕有一点机会，他也不愿放过。当然，这次孔子虽然动了心，但最终没能成行。

第二章 孔子善于拒绝

第二章

孔子善于拒绝

孔子曾告诫弟子说："乱之所生也，则言语以为阶"。意思是说，之所以有"乱"发生，都是由说话所引发。所以，人必须谨慎发言。

孔子的拒绝，要么是有理有据的回绝，要么是不着痕迹的婉拒。在坚持原则的基础上通常比较委婉，这样做可以让对方不至于失掉面子，产生怨恨，能获得一个较好的结果。

婉拒弟子搞迷信

孔子的一生，"敬鬼神而远之"，更不喜欢谈论"怪力乱神"。

可是，有一次孔子生病了，并且病得很严重，以当时情况来说，几乎无药可医了。

于是弟子们急了，性情急躁的子路想出了一个法子，主张向神祇去求救。《论语·述而》中记录了这段对话：

> 子疾病，子路请祷。子曰："有诸?"子路对曰："有之，《诔》曰：'祷尔于上下神祇。'"子曰："丘之祷久矣。"

试译：

孔子病重，子路请求祈祷。孔子说："历史上有这回事吗?"子路回答说："有的。《诔文》中曾说过：'替你向天地神灵祈祷。'"孔子说："我早就祈祷过了。"

孔子对于鬼神之事，并不是否定，世上到底有没有鬼神，他拒绝讨论。

孔子不喜欢弟子搞迷信活动，但对子路的一番好意，不好直接拒绝，于是，他问了子路一个很妙的问题："这样做有根据吗？"

周礼《小宗伯》中有"祷尔于上下神祇"，所以，子路就引用古代的典籍说，《诔》中已经说了，人可以去祷告天地之间的各种神祇。

孔子的言论倾向于"疑神派"，但其实际行为更倾向于"无神派"。孔子在推辞子路祈祷时，态度是委婉的，他不否定超自然力量的存在，但否定这种力量的作用。从这番对话来看，孔子并不认为超自然的力量能够主宰世界，这也是孔子的一种理性。

拒见阳货的策略

孔子曾经自喻为"待价而沽的美玉"，等待识货的"商人"出现。这个"商人"不久就出现了。不过，并不是什么正经"商人"，虽然他开价很高，孔子却不愿明珠暗投。

《论语·阳货》里记载了孔子拒绝这个"商人"的故事。

此人名叫阳货，是孔子最为反感的乱臣贼子。阳货这个人很有胆识，做事很有手腕。慢慢的，季氏对阳货也就日益信任和器重。时间长了，就出现了"奴欺主"的现象。

鲁定公五年，季平子死，其子季桓子新立。逐渐把持了季氏家室权柄的阳货发动叛乱，将新主人季桓子囚禁，逼迫他让出权力。从此，阳货挟季氏以命鲁侯，在实际上掌握了鲁国大权。

但是，阳货的做法名不正言不顺，作为一名家臣，他窃取了整个鲁国的权柄，他这种不择手段的行为属于“得位不正”，阳货自己也很心虚，所以，他迫切希望能培植自己的势力与群众基础。如果能得到孔子的支持，阳货的政治图谋就很容易成功了。

阳货欲见孔子，孔子不见，归孔子豚。孔子时其亡也，而往拜之。遇诸途。谓孔子曰：“来！予与尔言。”曰：“怀其宝而迷其邦，可谓仁乎？”曰：“不可。好从事而亟失时，可谓知乎？”曰：“不可。日月逝矣，岁不我与。”孔子曰：“诺；吾将仕矣。”

试译：

阳货想要孔子来见他。但孔子装着不知道，不去见。他便给孔子家送去了一只蒸熟的小猪。以此来换得孔子的回拜。

于是，孔子趁阳货不在家的时候去拜谢，两人正巧在路上碰面了。

阳货对孔子说“过来，我有话对你说。”

阳货又说：“自己有一身本事，却藏起来不用，听任国家的事情糊里糊涂，这可以叫做仁爱吗？”

孔子说：“不可以。一个人喜好从政却屡次错过机会，可以叫作聪明吗？”

孔子接着说：“不可以。时光流逝，就不会再回来了啊。”

孔子说：“好吧；我打算去做官了。”

阳货很是狡诈，因为按礼节，大夫给士送礼物，如果士不在家，没能在家里接受并拜谢，就要回访拜谢大夫，否则就是失礼。阳货知道孔子很讲究“礼”，所以，才故意趁其不在家去送礼。孔子便以其之道还施彼身，趁阳货不在家去还礼。

巧合的是二人偏偏在路上又相遇了。阳货一番追问，都是在逼着孔子站在自己一方。孔子虽然憎恶阳货这个小人，但为了不失礼节，始终不与其正面冲突，始终不失礼节。

孔子在拒绝阳货的时候还很注重方式和方法。面对阳货的步步紧逼，孔子先答应下来，而后先拖着，再按照自己的思路去做，不被阳货左右。阳货当时大权在握，如果孔子与其发生正面冲突就会很麻烦，孔子委婉地处理了这件事情。

即使对于普通人，孔子的拒绝方式也是很委婉的，《论语·阳货》中有记载：

孺悲欲见孔子，孔子辞以疾。将命者出户，取瑟而歌，使之闻之。

试译：

有一次，孺悲想见孔子，孔子托辞生病拒绝接待。传令的人刚出房门，孔子就拿出瑟边谈边唱歌，故意让他听到。

孔子的这种处理方式既没有让对方难堪，又达到了自己的目的。

拒用权臣送的药品

季康子，即季孙肥。据《左传》记载，是鲁国权臣季桓子的儿子。

季康子是鲁哀公的大臣，此时鲁国公室衰弱，以季氏为首的“三桓”

强盛，季康子位高权重，是当时鲁国的权臣。

鲁哀公三年，权臣季桓子病情危在旦夕，而他的妻子南孺子当时正有孕在身，眼看即将临盆。

季桓子叫来一位名叫正常的心腹家臣到病榻前，嘱托他说：“我命不久矣，有件非常重要的事需要托付予你。我的妻子不久就要生了，如果生下来的是一个男婴，那你就想办法告知国君，我欲立这个孩子为季氏的家主；如果生下来的是个女婴，那就让我的儿子季孙肥作为继承人，当季氏的家主。”

季桓子去世后，季康子成为事实上的家主。然而，就在季桓子快要下葬的时候，南孺子生下了一个男婴。

季康子是一个非常贪恋权位的人，他怎么可能将家主位置拱手让人呢？当这位名叫正常的家臣抱着孩子来向鲁哀公陈述季桓子遗嘱的时候，季康子正在朝堂之上与其商讨国事。季康子很是尴尬，对鲁哀公说：“既然是家父的遗命，那就请您让我卸下季氏家主的重担吧。”鲁哀公就派大臣共刘去核实这件事。令人想不到的是，在调查期间，这名男婴被人杀害了。

这起凶案最大的嫌疑人就是季康子。而那位被托孤的家臣，也逃跑去了别的国家。这件事也就不了了之了。季康子自此顺利成为季氏家主。

孔子在与季康子的相处中，事事非常小心，《论语·乡党》中，记载了这样一段：

康子馈药，拜而受之。曰：“丘未达，不敢尝。”

试译：

有一天，季康子给孔子送药，孔子拜谢并接受了，但同时却说道：“我对这种药的药性不是很了解，所以不敢试服。”

季康子为人狠毒，孔子当然多有防备。抛开人品不谈，单从药理的角度讲，“是药三分毒”，不知道这味药是不是适合自己，所以不能轻易尝试。孔子的这种拒绝理由，可谓有理有据。

拒绝与季氏合作

当时鲁国上下的知识分子，都对鲁国的权臣季氏不满，不愿意听命于他，尤其是孔子的一些弟子。但是，有一个人去了季氏那里做事，这个人是冉有。有关季氏的事，有时孔子就找冉有。

季氏曾经找孔子门生中的优秀人才从政，他们当然不会同意。于是季氏就私底下拉拢来一个人——大孝子闵子骞。闵子骞以孝闻名于世，二十四孝中就有他。

闵子骞，名损，生于鲁昭公六年，卒于鲁哀公八年，比孔子小15岁。他出身贫寒，生母又过早去世，为家境所迫，很小就从事体力劳动，经常随父亲驾车外出谋生，过着清苦而劳累的生活。闵子骞后来遇见孔子，成为孔子“仁”“德”理想的忠实信徒，是孔子的得意门生。

在冉有推荐下，季氏就邀请闵子骞去“费”这个地方作“宰”，也就是地方官。然而，闵子骞将官位、功名、富贵看得淡如浮云，他告诉传话的来使说：“您替我好言辞谢，我是不会去的。而且，如果有第二个人再来对我说这件事的话，那我只有离开鲁国了。”闵子骞终生不愿出任官职，直至50岁去世。

《论语·先进》中记载，因为闵子骞不愿为费宰，所以子路又举荐了子羔：

> 子路使子羔为费宰。子曰：“贼夫人之子。”
>
> 子路曰：“有民人焉，有社稷焉，何必读书，然后为学？”
>
> 子曰：“是故恶夫佞者。”

试译：

子路让子羔去当费县的县长。孔子说："你这样做，是害了别人家的孩子！"

子路说："那里有老百姓和土地、五谷，可以历练才能，为什么非要认为只有读书才算是做学问呢？"

孔子说："所以我讨厌油嘴利舌的人。"

子羔此时方24岁，还太年轻，况且从师不久尚未学成，孔子认为他还没有从政经验。

子路却认为，年轻人正可以借从政的机会学习历练。

子羔学成后可以出仕，学不成就不能出仕，子路却连这个基本的判断都给否定了，认为不学也能出仕，没有文化也能当官。孔子对子路的诡辩，很不以为然。

后来，子羔还是出来做官了。孔子在卫国的时候，子羔做了管理监狱的官，他砍掉了犯人的脚，让这人去守门。

有一次，有人在卫国国君面前诋毁孔子说："孔子师徒想犯上作乱。"

卫国国君就想把孔子抓起来。孔子闻讯赶忙逃走，孔子的弟子们也都跟着踏上了逃亡之旅。子羔也受到连累，开始逃命，当他跑到一座城门时，当初那个被他砍脚的守门人却带领着他逃到一个地下通道中躲了起来，追兵们这才没能捉到子羔。

喘息之余，子羔忍不住问断脚人："我担任监狱官时，因为不能违反君主的法令，所以砍了你的脚，现在正是你复仇的好机会，你为什么反而要帮助我逃命呢？我有何德何能获得你这样的报答？"

断脚人说道："我被砍断脚，本来就是我罪有应得，这也是无可奈何的事。过堂受审的时候，您还是在法规之内为我争取到了从轻发落，并指导我如何申诉从轻处理，您的美意我一直铭记在心。案子定罪的时候，您面色很不高兴，流露出悲伤的心情，我深深地体会到了您的心意。您这样做，并不是出于对我的偏袒，而是出于您天性中的仁德，这就是我危难之际帮助您的原因。”

孔子婉拒季康子

有一次，季康子问孔子如何治国理政。孔子一针见血地说：“政就是正的意思，您本人带头走正路，那么还有谁敢不走正道呢？”

季康子特别想从孔子的弟子中物色人才，为己所用。根据《论语·雍也》的记载，有一天，季康子向孔子打听他学生的才干：

季康子问：“仲由可使从政也与？”子曰：“由也果，于从政乎何有？”曰：“赐也可使从政也与？”曰：“赐也达，于从政乎何有？”曰：“求也可使从政也与？”曰：“求也艺，于从政乎何有？”

试译：

季康子问孔子：“仲由这个人，可以让他治理政事吗？”孔子说：“子路的特点是果敢刚毅，你看看对于政务，让他治理有什么困难呢？”

季康子又问：“端木赐这个人，可以让他治理政事吗？”

孔子说：“子贡的特点是练达通理，让他治理政事有什么困难呢？”

又问：“冉求这个人，可以让他治理政事吗？”孔子说：“冉求多才多艺，让他治理政事有什么困难呢？”

孔子看不惯“三桓”专权，因为这是违礼的。又因为季氏当时为鲁国权臣，嚣张跋扈，孔子不愿让自己的弟子明珠暗投。

季康子并不符合孔子的理想，但既然季康子来这里选才，孔子也要与之周旋。所以，孔子既不可能十分肯定地向季康子推荐弟子到他那里做官，也不可能贬损自己的弟子，这样显得太失礼。

于是，孔子就把三个弟子的个性特点都照实说了。

至于能不能用、怎么用，孔子并不多说，而是用了一个反问句：“于从政乎何有?”等于又将问题抛给了季康子。

事实上，孔子的这些弟子都可以独当一面。比如子贡，在齐国即将攻打鲁国的时候，纵横捭阖，游说各国，最终摆平局势，保全了鲁国。

其实，这样应答，就等于不着痕迹地婉拒了季康子的要求。

拒绝颜回父亲的请求

鲁哀公十一年，齐国攻打鲁国。季康子在冉有的敦促下，组织军队与齐军在鲁郊开战。孔子得知自己的弟子冉有率众浴血敌阵，盛赞他“义也。”这次战事，鲁国击败齐国。这一战，孔子的弟子冉有、樊迟都战功卓著。

季康子想起孔子当年不战而屈人之兵，不费一兵一卒而从齐国手中夺回失地，如今孔子的弟子又助鲁国击退强敌，看来这老夫子还是有些真本事的。

冉有也趁机让季氏请孔子回国。季康子的父亲季桓子在世时，曾经和孔子有过比较亲密的合作，但终于分道扬镳。季桓子晚年曾经对儿子季康子说：“我死后，你一定要把孔丘召请回来。”

于是，季康子派大臣带着重礼，迎回当年遭“三桓”排挤而辞国的孔子。自此，孔子归国。

季康子忍不住问回到鲁国的孔子，在你的弟子中哪一位最好学？孔丘黯然回答，只有颜回，不幸的是他短命死得早。

颜回死的时候，孔子悲叹道："噫！天丧予！天丧予！"

在孔子所有的弟子中，颜回是最有资质传承孔门道学的。颜回之死，孔子异常悲痛。《论语·先进》中有如下记载：

颜渊死，颜路请子之车以为之椁。子曰："才不才，亦各言其子也。鲤也死，有棺而无椁。吾不徒行以为之椁，以吾从大夫之后，不可徒行也。"

试译：

颜渊死了，他的父亲颜路请求孔子卖掉车子来替颜渊办外椁。孔子说："不管有没有才华，这都是自己的儿子。我儿子孔鲤不幸死去了，也只有棺没有外椁。我不能卖车步行为他置办椁，因为我身为士大夫，公务在身，不能步行。

颜回的父亲名叫颜路，也是孔子的学生，家境贫寒。颜路来和孔子商量怎么办颜回的丧事。按照古代葬礼，在棺材外面还会套一样东西叫"椁"。

当时，颜路买不起椁，孔子也买不起。但颜路看到孔子还有一辆车子，颜路就和老师商量，能不能把车子卖掉，为儿子置办一具椁。

孔子说，这不可以，你是爱你的儿子，有这个想法很正常。可是，我也曾经白发人送黑发人，孔鲤死的时候，我同你一样清贫，有棺而无椁，尚且没有把车变卖了去购置椁。孔子进一步解释道，自己职务在身，要和当时一些大臣往来，处理公务，所以不能没有车子。

后世有人批评孔子，连自己的独生子和爱徒去世了，都不舍得为他们置办外椁。其实，孔子并不吝啬。比如，孔子的一个朋友去世了，家里没钱安葬，孔子说："我来出钱安葬。"孔子还有个朋友叫原壤。此人生活得很不好，母亲去世，他都没钱给母亲的棺材刷漆。孔子对他说："没关系，我出钱。"

还有一位朋友到鲁国来，没地方住，孔子就说："生于我乎馆，死于我乎殡。"意思是，你来鲁国我接待，地方我来提供，随便住。还开玩笑道，就算你去世了，由我来殡你。

自责式婉拒

颜回是孔子最得意的门生，他对老师孔子的教诲是绝对的听从和研习，"夫子步亦步，夫子趋亦趋，夫子驰亦驰"，一切都向孔子看齐。因此很快就学到了孔子学问的精髓。孔子对颜回也从来不吝赞美："一箪食，一瓢饮，在陋巷人不堪其忧，回也不改其乐。贤哉，回也。"

颜回死了以后，他的同门们都主张厚葬他，来问孔子的建议。

然而，孔子不主张厚葬。孔子认为，一个人应该行其本分，也就是根据自己地位和财力去做符合自身实力的事情。这其实也就是《中庸》里所说的"素富贵，行乎富贵；素贫贱，行乎贫贱"，所以，孔子说他的独生儿子孔鲤死了，也是从简办的丧事，有棺而无椁。

尽管颜回是孔子最喜爱的弟子，但孔子依然坚持"行其本分"的原则，认为没有厚葬的必要。并且，根据颜回生前的德行和觉悟，厚葬也不会是他所想要的。

可是，弟子们这一次都没有听孔子的话，大家凑钱厚葬了颜回。

在安葬颜回这件事上，弟子们没有经过孔子的允许就行动了。自己不能把颜回看得如同自己的儿子一样，依照颜回平日朴素的本性安葬。更何况，颜路也是主张厚葬颜回的。所以孔子自责说："非我也"，这样的厚葬，不是我的意思，是弟子们要这么办。虽然弟子们这种做法不太妥当，但也是出于对颜回的怀念之情。孔子不能对弟子们的行为做出指摘，只能感叹说：“予不得视犹子也。”这种自责式的婉拒不仅保留了学生的面子，也体现了孔子对弟子的深厚感情。

第三章

孔子从不吝惜赞美

第三章

孔子从不吝惜赞美

孔子作为教育家，深知赞美的力量永远比惩罚的力量大。在教学实践中，他领悟到“知之者不如好之者，好之者不如乐之者”，同时，也深知“后生可畏，焉知来者之不如今也”的道理。

而作为政治家，他经常发表自己的政治观点，赞美什么，批判什么，反映了他的说话艺术，也反映了他的政治理想。

泰伯可谓至德

周文王的祖父姓姬，名叫公亶父，是周王朝的奠基人。根据出土文物考证，武王征商簋中的铭文称公亶父为“檀公”。

檀公有三个儿子，长子为泰伯，次子名仲雍，第三子名季历。季历的长子名姬昌，也就是后来的周文王。

檀公认为，殷商气数将尽，有意革命。照中国古代的宗法制度，檀公理应传位给长子泰伯。

檀公就告诉泰伯好好做准备，将来可以把殷商王朝推翻。但是，泰伯却认为，尽管殷商的政治败坏，但周终归是殷商的诸侯，没有理由去推翻它。

檀公认为泰伯清高而且迂腐，不堪大任，就有意将位子传给三子季历。然而，按照宗法制度，长子健在的情况下，就不能传位给小儿子。泰伯明白了父亲的意思以后，就逃掉了，等于自动放弃了继承人的资格。

檀公传位给季历，季历之后传给周文王。周武王姬发建立周朝时，追谥檀公为“周太王”。

泰伯逃到南方的蛮荒之地，归隐多年。周武王统一天下以后，派人把泰伯这一支宗族寻找到，并封为吴国，《论语·泰伯》中记录了孔子对泰伯的赞美：

子曰：“泰伯，其可谓至德也已矣。三以天下让，民无得而称焉。”

试译：

孔子说：“泰伯，可以说是品德极崇高了，他曾多次把天下让给季历，老百姓都找不到合适的词语来称赞他。”

孔子不仅是一个优秀的政治家，还是一个讲原则的政治家，不是为了当官而当官，孔子有政治家的理论素养，也有政治家的实践，他所赞美的政治家，都是符合他的政治理想的。

泰伯，有着高洁的操守，他淡泊功名富贵，却把真理、道德放在首位。所以孔子非常尊重泰伯、伯夷、叔齐这种高洁之士。孔子认为，泰伯这个人，于公于私两方面的道德、修养都到了最高点。

子贡是个什么“东西”？

在《论语·公冶长》中，第一个和孔子展开对话的人就是子贡，即非常善于说话的大商人端木赐。有一天，子贡看见老师正在点评自己的弟子，他忍不住也想问老师对自己的印象如何。

子贡问曰：赐也何如？子曰：女，器也。曰：何器也？

曰：瑚琏也。

试译：

子贡问孔子："我是一个怎样的人？"

孔子说："你呀，是一个器皿。"

子贡又问："是什么器皿呢？"

孔子说："是祭祀时盛粮食的瑚琏。"

瑚琏是古代宗庙里盛黍稷的祭器，同时，瑚琏也是一种玉器，一种美器。瑚琏是用来供于庙堂之上的，相当于皇宫的布置，且只在祭祀大典的时候，才拿出来亮一下相，平常它是"高""贵""清"的象征，收藏于特制的柜子中。所以，瑚琏是用来比喻治国才能的礼器。子贡就是一个堪比瑚琏的人物。

子贡为人慷慨，潇洒豪迈，但是他绝不骄傲。他不喜欢做官，一心钻研如何做生意，并且生意越做越大。孔子晚年的生活好像都是靠子贡照应。所以孔子说他如同瑚琏一样形成了高、贵、清的风格。

孔子虽然欣赏子贡的才干，但偏偏要先抑后扬，说他是个"东西"，相当于卖了个关子，提醒子贡做自我检视。随后，用瑚琏来赞美子贡是治国安邦的良才美器。子贡也不负老师的栽培，在"孔门十哲"，他以外交才能著称，大有建树。

春秋晚期发生了一件大事，那就是田氏代齐。据《史记》记载，在篡齐之前，田常害怕遭到高、国、鲍、晏几个大的权臣家族的反对，就故意转嫁国内矛盾，"移其兵欲以伐鲁"。

鲁国弱小，根本不是齐国的对手，似乎除了被吞并别无良策。就在这一危机万分的时刻，孔子挺身而出，要挽救鲁国的危机。弟子们就上来劝阻，说老师您年事已高，让我们出去替国家分忧吧。孔子仍不放心。这时候子贡说："老师，让我去。"孔子这才安心。

子贡先是到了齐国，拜见掌权者田常，跟他说，攻打鲁国根本就是个错误的决定。鲁国国土狭小，且君昏臣伪，是一个"难伐之国"。而吴国城高地广，兵强马壮，所以是一个更好的选择。

田常听了勃然大怒，认为子贡说的全是混账逻辑，因为按照常理是攻打鲁国容易，攻打吴国难。

子贡从容地解释道，忧患在国内的，要去攻打强大的国家；忧患在国外的，要去攻打弱小的国家。如今，您要解决的是国内的忧患。你差遣齐国国内高、国、鲍、晏四大家族拿下弱小的鲁国，这么做只会增强他们的声望和势力。相反，如果派他们去攻打吴国，他们就要长期驻守在遥远的齐吴边境，这样一来，其兵马必然被削弱，军事实力丧失之后，这四大家族也就徒有虚名了，那时候田氏一族的实力会盖过高、国、鲍、晏四家。你主导齐国政局就易如反掌了。再者，如果能战胜吴国，齐国可凭此称霸。总之，攻吴是最正确的选择。

田常听后，对子贡很是佩服，便采纳了子贡的建议，改伐鲁为攻吴。

随后，子贡又来到吴国，他对吴王夫差说，齐国就要攻打过来了，要做好准备。

此前，吴国打败了越国，吴王夫差称霸天下的野心已经被激发出来了。

子贡在这个时候让吴王积极备战，吴王夫差也认同了子贡的计划，但他准备先攻打越国。

于是，子贡又来到越国。越王到郊外迎接子贡，并亲自驾车到子贡下榻的馆舍说："我们越国偏远落后，您怎么屈尊光临了？"

子贡回答说："我已经说服吴王攻打齐国，但是，他心里想要这么做，却担心越国是个隐患，看这形势，攻打越国势在必然了。"

越王勾践就问子贡该怎么办。子贡说："现在大王如果能出兵辅佐吴王，对他表示尊敬和臣服，他一定会攻打齐国。如果吴王伐齐失败，那对大王您来说，也是一件好事。如果吴王阀齐打胜了，他一定会进一步带兵伐晋。那时候，我会北上会见晋国国君，让他们共同攻打吴，这样一定会削弱吴国的势力。等他们的精锐部队全部消耗在齐国，重兵又被晋国牵制住，到那时大王就可以趁吴国疲惫不堪的时候出兵，灭掉吴国。”

越王深以为然，答应照计划行动。并且赏赐子贡宝剑与重金。子贡都没有接受，就告辞了。

为了避免吴国打败齐国之后肆虐中原，子贡又专门来到了晋国。子贡游说晋君，若吴国击败齐国，必然会挑战晋国的霸主地位，请晋国积极做好与吴国开战的准备。

子贡经过一番外交斡旋之后，回到了鲁国。吴国起兵伐齐，在艾陵大破齐军，在齐国国内，高、国、鲍、晏等几大家族因这次战争实力大损，齐国只剩下田氏一家独大。又经过百年之后，田常的四世孙田和，放逐了齐国国君，自立为齐国国君，并且获得了周天子的认可。

话说吴国取胜之后，却不肯班师回国，果然带兵逼近晋国。吴晋两国争雄，由于晋国准备充分，晋军攻击吴军，大败吴军。

越王听到吴军惨败的消息，就率军渡过江去袭击吴国。吴王听到这个消息，忙带领疲惫之师从晋国撤退，返回吴国。越国军队在五湖一带和吴军作战，取得了胜利。最终，越国军队包围了王宫，杀死了吴王夫差和他的国相。

子贡是深谙政治、经济、外交、工商的通才，通过外交斡旋，游说诸侯，就把鲁国的危机形势稳定下来了。吴越之战等战事，都是子贡在幕后运作，因为齐国要打鲁国，他就从吴齐之战开始，一路合纵连横，把越、晋也挑动了，这么一来，鲁国也就安全了。

子贡的纵横捭阖，不仅保全了鲁国，还使齐国、吴国、晋国的军事力量发生了巨大变化。

真正的孝子闵子骞

《论语·先进》中记载了孔子对孝子闵子骞的称赞：

子曰：“孝哉闵子骞！人不间于其父母昆弟之言。”

试译：

孔子说："闵子骞真是个大孝子呀！别人对于他父母兄弟称赞他的话，没有什么异议。"

在"二十四孝"的故事里，闵子骞的后妈虐待他，冬天缝制棉袄，给亲生儿子用保暖的棉花做内衬，而对闵子骞却用芦花应付。即便如此，闵子骞还是很孝顺。后来终于把他的后妈感动了。

孔门弟子中，孝子不计其数，为什么孔子独夸赞闵子骞？这是因为，其他人都生活在正常的家庭，而闵子骞家庭构成情况比较特殊。闵子骞有兄弟二人，母亲死后，其父再娶，又生二子。

据汉刘向《说苑》中记载，一日，闵子骞替父亲驾车，因为天气太冷，缰绳脱手。其父心疼地执起儿子的手，才发现闵子骞身上的棉袄居然是用芦花填充的。闵父回到家后，怒气冲冲地叫来后妈的两个儿子，发现他们身上穿的都是真正保暖的棉袄。闵父大怒，扬言要休妻。闵子骞上前劝说父亲说："母亲只是让我一个人受冷，休了母亲，四个孩子恐怕都要挨冻了。"

在《论语·泰伯》里，孔子极力赞扬的另一个孝子，是大禹。

子曰："禹，吾无间然矣。菲饮食而致孝乎鬼神，恶衣服而致美乎黻冕；卑宫室而尽力乎沟洫。禹，吾无间然矣。"

试译：

孔子说："对于禹，我确实没有什么可批评了；他饮食很朴素，而（在祭祀时）尽力办得极丰盛；他平时穿着很简朴，而祭祀时把祭服做得极华美，他住的宫室很低矮，却不余遗力地修治水利工程。对于禹，我确实没有什么可批评的了。"

冉雍是“南面之才”

在孔子的得意门生之中，道德学问最好的是颜回；军事能力最好的是子路；政治、外交能力最好的是子贡。此外，孔子还有一位得意门生，就是冉雍（字仲弓），他与冉耕、冉求皆在“孔门十哲”之列，世称“一门三贤”。

然而，冉雍是典型的寒门子弟，他的父亲身份寒微，但不影响冉雍资质非凡。冉雍难免会在潜意识中有一种为出身、家庭感到自卑的阴影。孔子经常为冉雍“打气”，要他不要为此感到自卑。

《论语·雍也》中记载了孔子对冉雍的评价：

子谓仲弓，曰：“犁牛之子骍且角，虽欲勿用，山川其舍诸?”

试译：

孔子谈到冉雍，说“耕牛却生了一头长着赤色毛的小牛，有整齐的角，虽然不想用它来祭祀，难道山川之神会舍弃它吗?”

在古代的祭祀大典中，一定要选用色泽光亮纯净的牛作为牺牲。而那些杂色的牛，除了耕种，没有什么其他的用途了，所以“犁牛”是杂毛牛的别称。但有一条杂毛牛却生了一条赤黄发亮，头角整齐的俊美小牛。虽然杂毛牛的品种不好，但是这头小牛的本身条件很好，就算祭祀大典时不想用它献祭，山川神灵也不会答应的。山川在上古和春秋时代，有时代表着神明。

孔子在此是打了个比方，说神祇也会启示人们，不要把有用的才具平白地浪费了。孔子是在勉励冉雍好好进修，日后总会出头。尽管出身贫寒，但只要你勤奋努力，有真才实学，别人想不用你，神明也不会答应。

做学问时，孔子也鼓励冉雍发表自己的见解，《论语·雍也》中有这样的记载：

仲弓问子桑伯子。子曰："可也，简。"仲弓曰："居敬而行简，以临其民，不亦可乎？居简而行简，无乃大简乎？"子曰："雍之言然。"

试译：

有一天，仲弓问到桑伯子这个人。

孔子说：此人还可以，风格简洁，要而不烦。

冉雍却说：若存心严肃认真，而以简单行之，为百姓处理政务，不是可以的吗？如果存心简单，办起事来又简约，那不是太简单了吗？孔子说："这话你说得对。"

孔子推崇办事简明扼要，不拖泥带水，果断利落。

冉雍认为，一个领导者如果能对事对人，都能保持敬重的心理，事情自然就可以简化。但是，如果一味求简，蛮不在乎，却以此来标榜简化，这样就未免太过简化。孔子认同了冉雍的话。

《庄子》一书中，曾经提到过桑伯子这个人，为人非常豁达。有一天，孔子穿戴整齐去拜见他。而桑伯子却不穿上衣、不戴帽子，披散着头发与孔子会见。孔子的弟子们不解地说："老师为什么拜见这种不讲礼貌的人呢？"孔子解释说："这个人的本质很好，却不懂礼仪，我见他就是为了劝他懂点礼仪。"

孔子拜见桑伯子后，桑伯子的弟子们也都不高兴。他们对老师说："孔子这个人过分讲礼仪，你为什么接见他呢？"桑伯子说："我接见他，正是为了劝说他不要过分讲礼，去掉那些不必要的繁文缛节。"

孔子对冉雍的资质，也给予了极高的评价。《论语 · 雍也》中有这样一段记载：

子曰："雍也，可使南面。"

试译

孔子说："冉雍这个人，可以让他做一部门或一地方的长官。"

孔子这番话中既有嘉许，也有鼓励。

按照中国古代建筑的规制，老百姓没资格修建南北正向的房子。百姓修建向南的房子，必须稍微偏一偏，不许正向南方。只有州、县的官衙，或者神庙才可以朝向正南的位置。因此，"南面"二个，地位极高，最为尊贵，在古文中往往就是一方统治者或地方大员的代名词。

冉雍曾经在鲁国权臣季氏那里做官，但他只干了三个月就离开了。季氏聘他是看中他的名声。对冉雍的"居敬行简""以德化民"的施政主张并不采纳。认清形势以后，冉雍便辞去官职，继续跟随孔子进学修身。

颜回的魅力

在所有弟子中，孔子最爱颜回。《论语 · 雍也》中记载了孔子对颜回的赞美：

子曰："贤哉，回也！一箪食，一瓢饮，在陋巷，人不堪其忧，回也不改其乐。贤哉，回也！"

试译：

孔子说："颜回真是个大贤人啊！一竹筐饭，一瓢水，住在简陋的巷子里。别人都忍受不了那穷苦的忧愁，颜回却不改变他自身的快乐。颜回多么有修养啊！"

孔子对颜回的赞美可以说是无以复加，而颜回死后也被尊为"复圣"。到底颜回有什么过人之处呢？东汉有个隐士名叫黄宪，其言论风旨，无所传闻，然而，士君子见到这个人后，无不钦佩，黄宪被当时的人称作"颜回再生"。由此我们可以管窥颜回的魅力。

东汉隐士黄宪，他的父亲是个兽医。颍川人荀淑到慎阳时，在旅舍之中遇到黄宪，荀淑对眼前这个人的谈吐大为佩服，作揖施礼后，同他交谈整日，不愿离去。他对黄宪说："你就是我的老师啊"。而此时的黄宪，年仅14岁，荀淑后来遇到袁阆，见面第一句话就问："你知道你这地方有个颜子吗？"袁阆知道，荀淑口中的"颜子"所指的正是黄宪。

黄宪和颜回一样，英年早逝，去世时年仅48岁。

对子产和管仲的赞美

孔子编撰《春秋》时，开创了一种"春秋笔法"，也即将褒贬寓于曲折的文笔之中的写作风格。这种风格也可以用于谈话，即"微言大义"，也就是孔子在言语间所包含的深远微妙的意义。

孔子"春秋笔法"的语言艺术，在《论语》中也多有体现。比如，在《论语·宪问》中，有人向孔子请教他对几位政治家的看法：

或问子产。子曰："惠人也。"问子西。曰："彼哉！彼哉！"问管仲。曰："人也，夺伯氏骈邑三百，饭疏食，没齿无怨言。"

试译：

有人问孔子，子产怎么样？孔子说："是宽厚慈惠的人。"又问到子西，孔子说："那个人！那个人！"又问到管仲，孔子说："他是个人才。夺取了伯氏骈邑三百户的封地，使得伯氏只能吃粗粮，但一直没有怨言。"

子产是春秋时期著名的政治家，他还有一些别的称号，如"公孙侨""公孙成子""国侨"等，历史典籍中通称为"子产"。

子产是郑穆公之孙、公子发之子，他先后辅佐过郑简公、郑定公，他是郑国的名相，对郑国有突出的贡献。

子产执政后，决心改变郑国贫弱而混乱的局面。对外运用其政治智慧，在列强之间穿梭外交。内政上，既维护公室的利益，又限制贵族的特权，进行了自上而下的改革。

孔子认为，子产有大政治家的风范，对于社会贡献很大，对老百姓是有恩惠的人。在《论语·公冶长》中，孔子再次夸赞子产：

> 子谓子产，"有君子之道四焉：其行己也恭，其事上也敬，其养民也惠，其使民也义。"

试译：

孔子这样评价郑国的贤相子产，说："他有四种行为符合君子之道：自己的容颜态度庄严恭敬，侍奉君主认真负责，对人民能够多施恩惠，役使人民合于道理。"

管仲，比孔子出生的时代早，齐桓公之所以能够称霸，管仲功劳最大。孔子称赞管仲，真了不起！管仲依法剥夺了一个人的财产，导致这个人终身穷困，但这个人却对他毫无怨恨，一个政治家能这样，堪称伟大。

每次讲到管仲，孔子都很佩服。在《论语·宪问》里，孔子再次对管仲赞不绝口：

子贡曰："管仲非仁者与？桓公杀公子纠，不能死，又相之。"

子曰："管仲相桓公，霸诸侯，一匡天下，民到于今受其赐。微管仲，吾其被发左衽矣。岂若匹夫匹妇之为谅也，自经于沟渎而莫之知也？"

试译：

子贡说："管仲不是仁人吧？齐桓公杀掉了公子纠，他不但不以身殉难反而投靠了他，做了他的宰相辅佐他。"

孔子说："管仲辅相桓公，称霸诸侯，平定混乱局面，匡正天下一切，老百姓到了今天还享受到他的好处。假如没有管仲，我们都会头发披散着，衣襟向左开沦为落后民族了。他难道非要像平民百姓那样，拘泥于小节小信，在山沟中自杀而湮没无人知道吗？"

由于管仲辅佐齐桓公，抵御了当时的蛮族对中原地区的侵扰和破坏，保护了周王室与诸侯国，孔子非常赞赏管仲的功绩，所以如此称赞他。

什么样的人配称"文"

从西周时代开始，贵族去世后，人们会另外给死者取一个带有评判性的名字，这就是谥号，即"生有爵，死有谥""闻其谥，知其人"，带有某种"盖棺论定"的效果。谥号大致可以分三种：第一种是褒扬的美谥；第二种是同情怜悯的的平谥；第三种是批评贬抑的恶谥。"文"字作为一种美谥，是给予死者的一种极高荣誉。

孔文子，姓孔名圉，是卫国的大夫。

《论语·公冶长》中孔子对什么样的人配称“文”给予了回答：

子贡问曰：“孔文子何以谓之文也？”子曰：“敏而好学，不耻下问，是以谓之‘文’也。”

试译：

子贡问老师：“孔文子这种人凭什么被谥为“文”呢？”

孔子告诉子贡：“因为他聪敏灵活，爱好学问，又谦虚下问，不以为耻，所以被谥为“文”。”

所谓“下问”就是向“比我不如”的人请教。孔圉这个人“私德有秽”，后世评价不高。然而，孔子认为，孔圉这个人还是有他的可取之处的。他能够做到“敏而好学，不耻下问”，所以，也能配得上“文”这个谥号。

“敏而好学”，越聪明越好学，无论对自己，对工作都大有裨益，这是一种很了不起的品质。

什么是“清”和“忠”

令尹子文是春秋时期楚国的名相，本名斗谷于菟，字子文。令尹其实是他的官名，等于后世所谓的宰相。

《论语·公冶长》中记载了孔子对他的评价：

子张问曰：令尹子文三仕为令尹，无喜色；三已之，无愠色。

旧令尹之政，必以告新令尹。何如？子曰：忠矣。曰：仁矣乎？曰：未知；焉得仁？

试译：

子张问孔子说："楚国的令尹子文几次做楚国宰相，没有高兴的样子，几次被免职，也没有怨恨。（他每一次被免职）一定把自己的一切政事全部告诉接位的人。这个人怎么样？"孔子说："可算得是尽忠于国家了。"子张说："算得上仁吗？"孔子说："不知道；这怎么能算得上是仁呢？"

令尹子文三次官拜宰相，他没有觉得自己有什么了不起，一点也没有高兴过。三次下台卸官，他也没有流露出任何愤怒之色。

令尹子文做官最难能可贵之处是："旧令尹之政，必以告新令尹。"如今，这十个字已经成为了一句谚语，足见其影响之广。

正是这个原因，当子张问到令尹子文时，孔子对他的评价就一个字："忠。"

孔子认为，令尹子文连"仁"是何物都还不知道，怎么能算得"仁"者？他只是"忠"罢了，"仁"还不够格。紧接其后，又有记载如下：

"崔子弑齐君，陈文子有马十乘，弃而违之。至于他邦，则曰：'犹吾大夫崔子也。'违之。之一邦。则又曰：'犹吾大夫崔子也。'违之。何如？"子曰："清矣。"曰："仁矣乎？"曰："未知；焉得仁？"

试译：

（子张又问孔子道：）“崔杼无理地杀了他的君主齐庄公，陈文子家有四十匹马，全部舍弃不要了，离开齐国。到了另一个国家，他说：“这里的执政者也和我们齐国崔子差不多，于是又离开了。又到了另一国，又说：‘这里的执政者也和崔子差不多。’又离开了。这个人您觉得如何？”

孔子说：“他很清白。”

子张说：“可说是仁了吗？”

孔子说：“不知道，这怎么能算仁呢？”

齐国是鲁国的邻邦，当时齐国有一位大臣崔杼，因不忍齐国国君庄公给自己抹黑，就把国君杀掉了。

《论语》记录这件事的时候，用了一个“弑”字，就是春秋笔法里的微言。凡是以下克上，杀了上级的都称为“弑”。这种语言艺术就是“微言大义”。也就是仅用极少的字标明，衡论是非。

陈文子也是齐国的大夫，和崔杼地位相当。陈文子有马十乘，足见有多富贵。但是，陈文子无法忍受崔杼的做法，舍家弃业，丢掉自己的偌大家产逃离了齐国，到国外流亡。

有句话叫做“春秋无义战”。其实，在春秋时期，诸侯国的内政也都失去了伦常。陈文子流亡到别的国家一看，发现别的国家的权臣和齐国的崔杼一样。于是就离开，再到了另外一个国家，发现这个国家的权臣也和崔杼差不多。于是陈文子就感叹，这些权臣都和崔杼是一丘之貉。

子张就这件事问孔子，陈文子这种行为，是不是可以说是“仁”了？孔子认为，这种行为确实堪称清高。然而，陈文子的祖国有难，他就弃之而去，周游列国，难道是要等国家太平了，再回来坐享其成吗？

因此，孔子认为，陈文子虽然对得起“忠”这个称号，但不能算是“仁”。孔子对令尹子文与陈文子之“忠”的点评，体现了孔子的一条说话原则，那就是：执中而行，周而不比。

劳而不伐，厚之至也

孟之反，即孟侧，是鲁国大夫。鲁哀公十一年（公元前484年），鲁国与齐国交战。孔子弟子冉有也参加了这次战役并作为统帅。

两军作战，鼓勇而前，以先为功；战败而退，以后为功。当鲁国一支队伍打了败仗撤退时，孟之反走在最后，拒敌掩护撤退，但孟之反有功却不自夸。孔子听说此事后，做了一番评论。《论语·雍也》中这样记载：

> 子曰：“孟之反不伐，奔而殿，将入门，策其马，曰：‘非敢后也，马不进也。’”

试译：

孔子说：“孟之反不喜欢夸耀自己。在抵御齐国的战役中，右翼的军队溃退了，他走在最后，以掩护全军。快进城门的时候，他鞭打着自己的马说，‘不是我敢于走在最后，是因为我的马跑得不快啊。’”

有功而不骄矜，不宣扬叫“不伐”。古代“伐”与“矜”这两个字常常会连在一起用。“矜”是自以为高明；“伐”则为有功、有才，而自我夸耀。

孔子很推崇这种美德，在《易经·系辞传》中谈到谦卦的“九三”时，孔子说：“劳而不伐，有功而不德，厚之至也。”

意思是说，有劳苦而不炫耀自夸，有功绩而不自认为有德，这种品格真是忠厚到了极致啊。有了孔子的这种推崇，“立功而不自夸”就成为了历代儒家的美德。

宁武子智可及，愚不可及

宁俞，谥号“武子”，春秋时期卫国大夫，史称“宁武子”。

宁武子是一个很识时务的大臣，当政局恶化，对他不利时，他就到处装傻或退居幕后，以等待时机。卫懿公因好鹤而亡国，在北狄攻占了卫国的都城后，宁武子携家人东奔。后来，卫文公在齐国协助之下复国，宁武子重新出来做官，并得到了重用。其后，宁武子经历了卫文公和卫成公两朝，成为春秋时期有名的贤臣。

到了卫成公的时候，这位国君脑袋不太灵光，做了不少错事，全靠宁武子为他收拾残局。

公元前633年，楚国讨伐宋国。晋文公想要救宋国，但部队要经过卫国境内。卫成公不答应。卫国大夫元晅的意见恰恰相反，他认为，卫国应该趁这次机会和晋国交好，这样，如果哪天楚国攻打卫国，还有晋国这个盟友。

卫成公很是不以为然，坚持拒绝晋国的借道请求。无奈之下，晋文公只好从其它国家借道，援救宋国。

当时，楚国尚属“蛮夷”，在“尊王攘夷”的大背景下，卫国此举实属不智。

周襄王二十年（公元前632年），“城濮之战”爆发，晋文公击败了楚国。卫成公听到这个消息，知道自己站错队了，就带领一帮近臣从卫国“出奔”，在“出奔”期间，宁武子一直在他身边。卫成公委托元晅辅佐自己的弟弟叔武处理卫国政事。

晋文公的报复很快就来了，他攻取了卫国，并与宋国共分其地。

后来，晋文公又同意卫成公“复国”。这个时候，卫国朝堂之上已经形成了两股政治力量，一股是跟着卫成公出逃的大臣，另一股是留守于卫国听命于元晅的大臣，整个国家处于分裂的边缘。

这个时候，宁武子又出来斡旋，他让群臣一起对天发誓说："这是老天要降灾祸给我们卫国，使卫国君臣之间不和睦，致使卫国面临今天的为难境地。现在，老天在考验我们的良知，让我们抛弃成见，互相和睦。如果没有留守的大臣，谁保卫社稷？如果没有追随国君出走的大臣，谁照顾国君？大家都是忠臣。自这次会盟之后，这件事就既往不咎了，谁也不准翻旧账，如果谁敢破坏这个盟誓，老天就惩罚谁。"

经过一番运作，卫成公终于回到卫国继续做国君。但这件事并没有就此结束。卫成公还是忍不住翻旧账，对元晅一派的政治势力进行了清洗，冤杀了元晅的儿子元角。

晋文公当上霸主之后，在温地主持诸侯会盟。在大会上，晋文公建议天子周襄王赐死卫成公。

周襄王不同意。于是，晋文公就派医生"鸩杀"卫成公。这个时候，宁武子找人贿赂医生，让他在放毒药的时候减轻许多剂量。最终，卫成公捡回了半条命。

卫成公回国后，再次对政敌展开了疯狂的报复。经此一变，卫国元气大伤，后又遭到狄人攻打，只好迁都于帝丘。

《论语·公冶长》中记载了孔子对宁武子的评价：

子曰："宁武子，邦有道，则知；邦无道，则愚。其知可及也，其愚不可及也。"

试译：

孔子说："宁武子这人，在国家太平时节，他就表现得聪明睿智；

在国家昏暗时节，便做出愚笨的样子。他的那种聪明，别人可以赶得上；他的那种装傻本事，却是别人学不会的。”

在《论语·宪问》中，孔子说：“邦有道，危言危行；邦无道，危行言孙。”孔子不仅自己是这样行事的，他也这样要求自己的弟子，当国家有道时，可以直述其言，但国家无道时，说话要随和小心。也就是说，讲话要注意环境和时机。这是孔子说话的原则。宁武子的处世方法，特别符合孔子的这种说话原则。因此，孔子就特别推崇他。

能善始善终的晏子

晏婴，字仲，谥“平”，史称“晏子”，历任齐灵公、齐庄公、齐景公三朝，辅政长达50余年，是春秋后期一位重要的政治家、思想家、外交家。

孔子在35岁的时候，曾经去过齐国，做过一段时间高昭子的家臣。后来，孔子通过高昭子见到了齐景公。齐景公问孔子如何为政，孔子只用“君君臣臣父父子子”八个字就征服了齐景公。

齐景公在谈到将会给予孔子什么样的待遇时说：“像鲁君对待季氏那样，我做不到，可用介于季氏、孟氏之间的待遇对待他。”

过了些日子，齐景公又向孔子询问如何为政，孔子说：“为政在于节约财物。”景公听后，认为孔子很有见地，就打算赐给孔子一大片封地。

这时候，晏子却进言说：“这些儒者能言善辩不懂法度，同时骄傲自大、自以为是，不能任用他们来教化百姓……自从周王室衰弱以来，礼乐残缺有很长时间了。如今孔子制定繁琐的礼仪，如果要用他这一套来改造齐国，恐非良策。”

齐景公认为晏子说的很有道理，此后，齐景公虽然恭敬地接见孔子，但不再问有关礼的事。齐景公私下里对大臣说："我已经老了，不能用孔丘了。"

由于晏子的阻挠，孔子在齐国不得志，失望地离开了齐国。在《论语·公冶长》中，孔子这样评价晏子：

子曰："晏平仲善与人交，久而敬之。"

试译：

孔子说："晏平仲善于和别人交朋友，交往越久，别人越恭敬他。"

晏子无论是对朋友、亲近之人，还是对同道、君主都能从始至终"久而敬之"，交情越久，他人越恭敬他。

晏子对妻子也能从一而终。齐景公想把宠爱的女儿许配给晏子，于是就到晏子家探望，在吃饭时，景公看见了晏子的妻子，就问晏子："这是您的夫人吗?"

晏子答道："对，她是。"

齐景公说："尊夫人不但年迈，而且丑陋。寡人有个女儿年轻貌美，倒不如让她充实先生您的内室。"

晏子立即拜谢道："如今她确实是又老又丑，可她也曾经年轻又漂亮。况且，为人妻的，本以少壮托付一生至年老，美貌托身到衰丑。在很久以前，她将自己托付于我，我也接受了她的托付。虽然君王有恩赐，但怎能让我背弃昔日的托付?"晏子拜了两拜谢绝了。

赞美他人的两条重要原则

孔子教育弟子们，要“执中而行”“周而不比”。这其实也是孔子赞美他人时所秉持的两条重要原则。

孔子所执之“中”乃是“中庸”。在《论语·雍也》中，孔子提到中庸，“中庸之为德也，其至矣乎！民鲜久矣。”

朱熹曾经这样解释：“中者，不偏不倚，无过不及之名；庸者，平常也。”

换言之，中庸就是时时都要中正平和，就是既要做到无过无不及，又要做到不偏不倚。

孔子认为，中庸是万事万物之常理，这也是赞美他人所应秉持的原则。

一方面，在孔子看来，“过犹不及”，即过度与不及其实是一样的。因此，他曾极力反对“爱之欲其生，恶之欲其死”的过火行为。另一方面，赞美的程度达不到，听者会认为有失公允。

孔子赞美他人的另一个重要原则是“周而不比”。“周，普遍也。比，偏党也。”

君子能够平等地对待任何人，不偏不倚，不远不近，不亲不疏。小人容易流于偏私，结成小的利益团体，且只拉拢对自己有利的人做朋友。因此，如果凡事都以“我”为中心，就无法做大，也不能平等地对待所有人。

《论语·为政》中记载了孔子所说的“周而不比”：

子曰：“君子周而不比，小人比而不周。”

试译：

孔子说：“君子能广泛地和人搞好关系但不互相勾结，品格卑劣的人是勾结，而不是团结。”

对一个人的评价应一视同仁。不论权臣还是老百姓，孔子都能一视同仁地尊敬和赞扬。不分贵贱、不分贫富、不分愚智、不分勤惰、不分恩怨、不分老少。执中而行，就是不偏不倚；周而不比，就是没有偏私。这是孔子品评他人的重要原则。

尽管晏子孔子不够友好，但孔子却能客观评价他的优点。孔子尤其佩服他对于交朋友的态度。他不大容易与人交朋友，如果交一个朋友，就善始善终。

第四章

批评与教诲的艺术

第四章

批评与教诲的艺术

孔子有多不胜数的头衔和封号，但最基本、最重要的一个称号是“教育家”。作为教育家的孔子，深知批评是一门艺术，有效地批评往往可以促进成长，孔子弟子三千，他懂得因材施教，在批评教育上也有独到的方法。

先肯定，后批评

子路的年龄和孔子比较接近，只比孔子小了9岁。

子路有任侠之风，武功高，性子直，为人豪爽，也略显粗鲁，有时候还有些教条主义。据《史记》记载，子路原本是个仗剑江湖的游侠儿。孔子认为子路有侠义、善良的一面，可以用礼乐慢慢地诱导、教化。后来，子路就穿上儒服，带着拜师的礼物，通过孔子弟子的引荐，拜师成为了孔子的门生。

在《论语·公冶长》中，孔子曾经这样谈论子路的任侠之气：

子曰：“道不行，乘桴浮于海，从我者，其由与？”子路闻之喜。子曰：“由也好勇过我，无所取材。”

试译：

孔子说：“如果政治主张行不通了，我就想乘上木簰到海外去。能够跟随我的，可能只有仲由吧！”子路听了老师这话，很是欣喜。孔子说：“仲由好勇的精神超过了我，这就没有什么可取的了。”

孔子和子路师徒二人，刚刚主持完鲁国的“堕三都”大业，得罪了鲁国的掌权者，又要一起去国怀乡。一起经历了风风雨雨，师徒之情日益深厚。孔子认为，如果要去流浪，想必也只有子路能同行。

子路刚刚丢掉季氏家臣的位子，心情不是很好，听到老师这样评价自己，心里欣慰很多。

然而，正当子路还在回味老师的表扬时，孔子的教诲又来了，他指出了子路的不足之处。《论语·阳货》中记载了孔子教诲子路：

子曰：“由也，女闻六言六蔽矣乎？”对曰：“未也。”

“居！吾语女。好仁不好学，其蔽也愚；好知不好学，其蔽也荡；好信不好学，其蔽也贼；好直不好学，其蔽也绞；好勇不好学，其蔽也乱；好刚不好学，其蔽也狂。”

试译：

孔子说：“仲由啊，你听说过有六种美德便会有六种流弊的说法吗？”子路回答说：“没有啊。”

孔子说：“你坐下！我告诉你。只是爱仁德却不好学，其流弊是容易被人愚弄；只是爱耍聪明却不好学，其流弊是放荡而无基础；只是诚实却不好学，其流弊是容易被人利用，害自己；只是爱好直率却不好学，其流弊是说话尖刻，刺痛人心；只是勇敢却不好学，其流弊是捣乱闯祸；只是刚强却不好学，其流弊是胆大妄为。”

古代有“六蔽”的说法，可以理解为：
仁而不知度，愚蠢；
智而不知度，放荡；
信而不知度，贼害；
直而不知度，绞伤；
勇而不知度，祸乱；
刚而不知度，狂傲。

子路因为有了老师的表扬、鼓励作心理铺垫，对于老师的指责也心悦诚服，接受了批评并积极改正。经过孔子的长期教诲，子路的性格收敛很多。在周游列国时，子路几乎全程追随、保护老师，尽到了自己能做到的“礼”。

勉励式批评

孔子对待弟子善用勉励式的批评，在《论语·学而》中，孔子与子贡的一段对话非常精妙：

子贡曰：“贫而无谄，富而无骄，何如？”子曰：“可也；未若贫而乐，富而好礼者也。”

试译：

子贡说：“老师，人贫穷依然不谄媚，不去巴结奉承；发财了，不骄傲自大，怎么样？

孔子说："还可以；但还是不如虽贫穷却乐于道，纵有钱却谦虚好礼。"

子贡认为，一个人的修养能做到"贫而无谄，富而无骄"已经很不错，这个"何如"，带有得意的成分。那种等待老师肯定自己、夸赞自己的情绪，溢于言表。

确实，能做到"贫而无谄，富而无骄"是不容易的。

但是，孔子只给了个"还可以"的评价，相当于打了60分，只能算及格。

你做到穷不向人低头，其实也只是一种清高，同样，即使做到了富而不骄，待人以礼，但这种修为的难度，仍比"贫而乐，富而好礼"低一些，因为你觉得自己有钱有地位，非得以这种态度待人不可，心底仍旧有一种优越感。

所以，要做到真正的平常心，在任何位置、在任何境遇中，都那么平实，自然，不刻意。这就像《中庸》所引用的孔子的话一样："君子，素富贵，行乎富贵；素贫贱，行乎贫贱。"

孔子告诉子贡，像你所说的这样，也只是及格而已，还应该再进一步，做到"贫而乐，富而好礼"，要安贫乐道，安之若素。

不要自我设限

《论语》中记载，冉有有一次对孔子说："老师，你不要骂我，老是说我不努力。我对于你的学问非常景仰，只是我做不到，能力达不到啊。"

孔子说："你这话说得不对。如果做了一半，无法完成的话，这是力量不足的缘故。可是，你根本还没有开始做呢，怎么知道无法完成呢？"

《论语·雍也》中原文记载如下：

冉求曰："非不说子之道，力不足也。"子曰："力不足者，中道而废。今女画。”

试译：

冉求对孔子说：“老师，我不是不喜欢您的学说，是我力量不够。”孔子提醒他说：“如果你真是力不足，你会做到一半就再也做不下去了，但你还没开始做便说自己力不足了。”

孔子的教诲，让冉有的学业大为提升，以政事见称，成为“孔门七十二贤”之一。多才多艺，尤擅长理财，曾担任季氏的宰臣。

鲁哀公十一年春，齐国想要攻打鲁国。鲁国的权臣季康子很害怕，就对家臣冉有说：“齐国已经大兵压境了，我们该怎么应对呀？”

冉有胸有成竹，立刻建议季康子果断迎战。两军交战之时，冉有身先士卒、率军奋勇抵御，取得了胜利。

冉有的军事才能令季康子刮目相看，就问他：“你这是在哪学的指挥作战呀？”冉有答：“跟我的老师学的。”然后趁机把孔子推崇一番，劝说季康子迎回在外流亡多年的孔子。

冉有后来又帮助季氏进行田赋改革，聚敛财富，这一举措受到孔子的严厉批评，甚至一度要断绝师徒关系。冉有是孔子最得意的门生之一，在孔子的教诲下向仁德靠拢，品格日益完善。

当为君子儒，莫为小人儒

何谓“儒”？“儒”字在甲骨文中是以水清洗身体的形象，最初指“濡”，也就是商周时期祭祀之前沐浴的活动。根据《说文解字》的解释，儒就是社会所需要的人。一个儒者应当有怎样的作为，孔子在《论语·雍也》中给出了回答。

子谓子夏曰："女为君子儒！无为小人儒！"

试译：

孔子对子夏说："你要做个君子式的儒者，不要做小人式的儒者。"

子夏，姓卜，名商，字子夏，也是"孔门十哲"之一。子夏才思敏捷，精通易经，多才多艺。

孔子把"儒"分为君子之儒和小人之儒。

什么叫君子儒？下学而上达，除了有专业技艺，还有理想，有仁者心怀，懂得做人的道理的学者。

什么叫小人儒？就是无远大见识，只追求眼前小功利的儒者。

所以，孔子在点拨子夏的时候，提到了君子儒和小人儒的概念，并不是漫无目的的，而是有所指的。孔子此时批评子夏，和子夏的才能有关。

樊迟，即樊须，名须，字子迟。是"孔门七十二贤"中的重要人物。

《论语·子路》中记载了孔子批评樊迟的一段对话：

樊迟请学稼。子曰："吾不如老农。"请学为圃。曰："吾不如老圃。"

樊迟出。子曰："小人哉，樊须也！上好礼，则民莫敢不敬；上好义，则民莫敢不服；上好信，则民莫敢不用情。夫如是，则四方之民襁负其子而至矣，焉用稼？"

试译：

樊迟要跟着孔子学种庄稼，孔子说："我不如种地的老农啊。"樊迟又想让孔子教他如何种植蔬果，孔子说："我不如老菜农啊。"

樊迟退了出来，孔子就说了："樊迟是小人啊。统治者讲究礼仪，老百姓就没有敢不恭敬的；统治者行为正当，老百姓就没有敢不服从的；统治者诚信，老百姓就没有敢不诚实的。如果能够做到这样，那么，四方百姓都会背负幼子前来投奔，何必要自己来种庄稼呢？”

孔子批评樊迟的原因，就在于樊迟不做君子儒而做小人儒。这一点，孔子也曾经指责过子夏，告诫他先做人再学技艺，这是儒家的态度。孔子并不反对学农业种植技术，用现代经济学的观点来看，孔子的态度里，有指责樊迟不懂社会分工，本末倒置的成分。樊迟未将学做人放在首位。

如何批评“地域黑”

互乡，是一个地名。这个地方在哪里，后世就很难考证了。那里社会风气不好，很多民众不可理喻，没有办法和他们讲道理。所以，在当时，这个地方的人，名声是不太好的。

《论语·述而》中记载了孔子对待互乡人的态度：

互乡难与言，童子见，门人惑。子曰：“与其进也，不与其退也。唯何甚？人洁己以进，与其洁也，不保其往也。”

试译：

传闻互乡这个地方很多人难于交流，有一天，来了一个互乡的年轻人，前来看望孔子，孔子接见了他。弟子们都觉得疑惑。孔子说：“我们赞成他求上进，不赞成他退步，何必做得太过分呢？别人把自己弄得干干净净而来，我们就应该赞成他的干净，而不要总是揪住人家的过往不放。”

孔子有弟子认为，互乡这个地方，民风不好，那里的人都很难教化，但孔子还是接见了他。学生们就问老师，为什么要和这个地方的人浪费口舌？

孔子告诉学生们说，对于肯求上进的人，我们要帮助他们，不能使人没有进步的机会。

孔子认为，既然这个少年人把自己收拾得衣冠整洁地来求见我，希望我传授他知识，帮助他进步，你们不要因为他是互乡的人就瞧不起他，不应该有地域歧视。

孔子的这番话，影响了后世另外一个人的命运。据《后汉书·郭泰传》记载：

太原郡有个名叫贾子厚的恶霸，此人劣迹斑斑，是当地的一害。郭泰的母亲去世时，贾子厚也来吊唁，郭泰按照礼仪接待了他。

此时，来了一个叫孙威直的人，看到这一幕后表示难以接受。像郭泰这样的名流贤士，在母亲大葬之日，怎可以接受贾子厚这种大恶人的凭吊，并且以礼相待呢？

孙威直心中责怪郭泰，于是扭头便走。

郭泰赶忙追上孙威直，跟他解释说："贾子厚以前是不好，但现在他想洗心革面了。当年孔子对互乡童子都肯接见，我今天也是本着这一原则对他以礼相待啊。"

贾子厚听到这番话后，很感动，后来真的改过自新，成了好人。

对惰性的棒喝式批评

孔子在批评弟子时，也会根据时机、场合、对象的不同采取不同的方式。在《论语·卫灵公》中，记载了这样一段：

子曰："可与言而不与之言，失人；不可与言而与之言，失言。知者不失人亦不失言。"

试译：

孔子说："可以和他谈的话，你却刻意不和他谈，这就是失掉了这个朋友；不可以和他谈的话，却和他谈了，你这就是说错了话。有智慧的人既不会失去朋友，又不会说错话。"

在《论语·雍也》篇中，孔子曾经说过：

"中人以上，可以语上也；中人以下，不可以语上也。"

试译：

"对于中等水平以上的人，可以告诉他们高深的学问；对于中等水平以下的人，不可以告诉他们高深的学问。"

孔子这样的谈话原则，并不是在搞歧视，而是要尊重听者的接受能力。

孔子的弟子宰予，言辞美好，说起话来娓娓动听。

起初，孔子很器重这个弟子，认为他一定很有出息，对他所说的话也从不怀疑。可是不久，宰予暴露出怠惰的一面。

一天，孔子给弟子讲课，发现宰予没有来听课，就派弟子去找。一会儿，去找的弟子回来报告说，宰予在房里睡大觉。

孔子听了很伤感，骂宰予烂泥扶不上墙，这种口语化的批评，让人不禁感叹：孔子批评起人来，堪称犀利。懒惰，在孔子眼中，实在是一件"不可饶恕"的事情。

《论语·公冶长》中记载了这件事：

宰予昼寝。子曰："朽木不可雕也，粪土之墙不可杇也；于予与何诛？”子曰：“始吾于人也，听其言而信其行；今吾于人也，听其言而观其行。于予与改是。”

试译：

宰予在白天睡觉。孔子说：“腐烂的木头雕刻不得，粪土似的墙壁不能粉刷；对于宰予这样的人，有什么好责备的呢？”又说：“起初我对人家，听到他说的话，就相信他的行为；现在我对人家，听了他说的话，却要观察他的行为。从宰予的事件之后，我发生了改变。”

有一次，子贡对学习感到很疲倦，就告诉孔子说：“我真希望能找个地方好好休息一下。”

孔子答得直截了当：“生无所息！”意思是说，一个人只要活着，就无处休息。

这其实也是孔子所一贯强调的人生态度，只要活着就要时刻积极进取，只有死了才能休息。

子贡说：先生的话说得太绝对了吧？那么，学生便无处得到休息了吗？”

孔子又用手指着远处一处坟场说：“看到它们，便知道哪里是休息的地方了！”

子贡听了孔子的话后，感慨道：“如此说来，自古以来就有的死亡真是一件了不起的事啊！仁德的人在那里可以得到真正的休息，而不仁德的人只是在那里倒下罢了。”

不能只算经济账，仪式感不可或缺

根据中国古代的历法，每个月的初一为朔，十五为望，月暗为晦。“朔望”之日，通常就是休息的时候。在每月初一的时候，主政者要代表国家，向天地祖宗禀告所作所为，这就是所谓的“告朔”。古人认为，向天地鬼神讲的话，是一定要尽力实现的，在冥冥中会有一种力量在监视自己。所以告朔这件事也很郑重。

在《论语·八佾》中，记载了孔子和子贡关于告朔的一段对话：

子贡欲去告朔之饩羊。

子曰：“赐也！尔爱其羊，我爱其礼。”

试译：

子贡提出要去掉每月初一告祭祖庙用的活羊。孔子说：“赐呀，你可惜的只是那只羊，我可惜的是那种礼乐制度。”

古代告朔时要杀活羊祭祀。“饩羊”是指祭祀中杀而未烹的羊，是一种焯水后的羊肉，还没有炊熟就放在祭桌上。只是稍稍加热一下，延长其保质期，这种羊肉就是饩羊。

到了春秋战国时代，礼崩乐坏，周天子势衰，这些礼乐制度，也慢慢跟着衰落了。鲁国君主已不亲自去“告朔”，子贡提出把告朔时候用的饩羊省掉算了。

在孔子看来，“礼乐”代表的是文化制度，是一种规范人们行为的软性制约力量。因此，孔子对“礼乐”非常重视，他和子贡的这段对话是讲，从经济账上讲，这只羊是可以省；但从“礼”的角度讲，绝不能省。

正因为“告朔”代表了这种精神，所以才需要用仪式感来维系。因此孔子告诉子贡：你重视的是这只羊的经济价值，而我重视的是这礼仪的精神内涵。

在《论语·八佾》中，孔子又通过对“诸夏”与“夷狄”的比较，阐述了“礼乐”对于一个国家的重要性：

子曰："夷狄之有君，不如诸夏之亡也。"

试译：

孔子说："夷狄之邦虽然也有君主，但不如夏、殷商的灭亡。"

孔子认为，虽然周朝晚期礼崩乐坏，诸侯混战，也有臣弑其君、子弑其父的事情，但在一定程度上，还有"礼乐"这种"软道理"的制约。那些蛮夷之邦，只相信暴力这种"硬道理"，毫无约束，虽然也有君主，由于缺乏"礼乐"的教化，臣弑其君、子弑其父是经常发生的事情。还不如夏朝、殷商，虽然国家亡了，但文明与精神内涵，却永垂不朽。

君子周急不继富

公西赤，字子华，又称公西华，是孔子的弟子，比孔子年轻了42岁，有非常优秀的外交才能。

《论语·雍也》中记载有孔子与冉有关于公西华的一段对话：

子华使于齐，冉子为其母请粟。子曰："与之釜。"请益。曰："与之庾。冉子与之粟五秉。"子曰："赤之适齐也，乘肥马，衣轻裘。吾闻之也：君子周急不继富。"

试译：

公西华出使齐国，冉有替他的母亲向孔子申请补助一些谷米。孔子说："给他六斗四升吧。"冉有请求增加。孔子说："那就再给二斗四升吧。"最后冉有却给了八十石。

孔子批评道："公西华此次到齐国去，坐着由肥马驾的车辆，穿着又轻又暖的皮袍。我听说过：君子只是雪中送炭，而不是锦上添花。"

"周急"是救济有紧急困难的人，"继富"是让有钱人更有钱。

孔子教育冉有，公西华这次出使到齐国去，行头很是气派，他有这许多置装费、额外津贴，完全可以拿出一部分来给他母亲用。

与这件事相应的，是孔子如何对待原宪。原宪，字子思，又称原思，是春秋时期宋国商丘人，也是孔子的弟子。

孔子出任鲁国大司寇后，"原宪为之宰"，这个"宰"是家宰，以今天的职务来说，相当于管家。

《论语·雍也》中记载了这样的一段对话：

原思为之宰，与之粟九百，辞。子曰："毋！以与尔邻里乡党乎！"

试译：

原宪为孔子家的总管，孔子发给他小米九百。原宪推辞不要。孔子说："别推辞，如果吃不完，可以分给你们地方上的穷人。"

老子指出："天之道，损有余而补不足；人之道，损不足以奉有余。"孔子主张"君子周急不继富"，却给自己的穷徒弟发了高薪，这其实体现了孔子对"天之道"的推崇。

反对"出位之思"

根据《论语·述而》的记载，孔子对不应该胡思乱想的话题，会极力避免：

子不语怪，力，乱，神。

试译：

孔子不谈四种事：怪异，勇力，叛乱，鬼神。

“怪力乱神”的话题很刺激，很多人也乐于听，所以很多人乐于谈。然而，长时间谈论此类话题，人难免会走入迷途。

《论语·雍也》中记载了孔子对于鬼神的认识：

樊迟问知。子曰：“务民之义，敬鬼神而远之，可谓知矣。”问仁。曰：“仁者先难而后获，可谓仁矣。”

试译：

樊迟问孔子：什么才叫聪明？孔子回答道：“把精力专一地放在使人民走向“义”上，尊敬鬼神但要远离它，就可以说是聪明了。”

樊迟又问怎样才是仁德？孔子说：“仁德的人是先作艰苦的努力，而后有所收获，这样就是仁德了。”

“务民”是什么？务民，可以理解为服务于百姓。“务农主义”就是要引导百姓的心思，使之放在能够创造、生产的事务上。所以要“敬鬼神而远之”，作为一种相配套的措施，就要施行仁政，在制度上让老百姓有付出就能有收获，这样老百姓就不会妄求侥幸与运气，才能真正“敬鬼神而远之”。

《论语·先进》中记载了子路向孔子问鬼神之事：

季路问事鬼神。子曰："未能事人，焉能事鬼？"曰："敢问死？"曰："未知生，焉知死？"

试译：

子路问孔子事奉鬼神的方法。孔子说："活人都不能事奉，又怎么能事奉鬼呢？"子路又问："请问人死是怎么回事？"孔子说："生的道理还没弄明白，又怎么懂得死呢？"

正所谓"天道远，人道迩。"天道，就是代表形而上的、深远的知识。我们活着做人，就是"人道"，是浅近的。

敢问，是一种谦辞，表示向对方提出问题的同时，附带自谦和尊敬的姿态。子路希望孔子谈谈"死亡"这个话题，孔子回答得很妙——"未知生，焉知死？"人的生命究竟哪里来的？这其实也是一个迂阔的问题。

第五章

譬喻的说理方法

第五章

譬喻的说理方法

一个人不说话，别人就无法知道他的想法；而所说的话如果没有文采，那就没有传播力，也就不会具有影响力。孔子是靠言论宣扬自己的理念的，他对言论的传播力很重视。

“浮云”的妙喻

《论语·述而》中记载了孔子对人生的巧妙比喻：

子曰：“饭疏食饮水，曲肱而枕之，乐亦在其中矣。不义而富且贵，于我如浮云。”

试译：

孔子说，只要有粗菜淡饭充饥，喝冷水，弯起胳膊来当枕头，枕在上面酣睡一觉，这样的人生也是有乐趣的！凭借干不正当的事而获得的富贵，在我看来就如同天空中的浮云一样，来去倏忽。

当一个人的修养达到一定程度，就能不被外界的物质所诱惑。获取人生的大乐，并不需要靠物质，也不需要靠虚饰的荣耀。孔子把“不必而富且贵”比作“浮云”，可谓妙语。不合理地、非法地、不择手段地妄求富贵，就像捕捉忽隐忽现的浮云一样，非常不牢靠。对此，孔子是非常不屑的。

孔子在《论语·里仁》中说：“君子喻于义，小人喻于利”。在《论语》中，孔子多次表达过类似的思想。在孔子的心目中，行义是人生的最高价值，当富贵与道义发生矛盾时，他宁可选择受穷，也不去选择那凭着不义手段得来的富贵。

《论语·雍也》中记载孔子对于人的本性的看法：

子曰：“人之生也直，罔之生也幸而免。”

试译：

孔子说：人生来的天性，原是正直，一个人虚虚假假，似乎也能生存，只是，最终会有什么好结果呢？只不过是他侥幸地免于祸害罢了。

人的本性是率直的，然而，很多人，年龄越大经验越多，反而越接近于“罔”。“罔”字的意义，代表了虚伪、不正直。

风、草与星辰

孔子有个弟子叫陈亢，曾经向孔子的儿子孔鲤问：“您在我们的老师那儿得到与众不同的知识传授了吗？”

孔鲤答道：“并没有。（不过，曾经有一次）他一个人站在庭中，我毕恭毕敬地走过。他问我道：‘学《诗》没有？’我说：‘没有。’他便道：‘不学《诗》就不懂如何说话。’我就退回去学《诗》了。”

可见，孔子非常注重从诗文中汲取营养，滋养自己的口才，从而让语言更具有文采。风、草与星辰，本是诗人常用的创作元素，孔子却信手拈来，用以评论政事。《论语·颜渊》中有这样一段对话：

季康子问政于孔子曰："如杀无道，以就有道。何如？"

孔子对曰："子为政，焉用杀？子欲善而民善矣。君子之德风，小人之德草。草上之风，必偃。"

试译：

季康子向孔子询问如何为政，说道："如果杀掉坏人来亲近好人，这样做可以吗？"

孔子回答说："您治理政务，何必要杀戮呢？您想治理好国家，百姓就会好起来。君子的作风好比风，百姓的作风好比草，风吹到草上，草就必定跟着倒。"

孔子告诉季康子，为政的根本是用道德来教化，而不是用杀戮来威慑。仅依靠杀戮是绝对压不住百姓的。在《论语·为政》中有这样的记载：

子曰："为政以德，譬如北辰，居其所而众星共之。"

试译：

孔子说："主政者应以道德来治理国家，自己便会像北极星一样，在一定的位置上，别的星辰自会井然有序地环绕着它。

北辰，即北极星。共，同"拱"，环绕的意思。孔子所提的"为政"

是德政，是礼乐教化。孔子周游列国，主要就是推行德政。宋代的大儒程颢、程颐认为"为政以德，然后无为"，也就是一种"无为而治"的状态，即儒家所说的"垂拱而治"。

君子不器

在《论语·为政》中，孔子提出了一个观点，叫做"君子不器"：

子曰：君子不器。

试译：

孔子说："一个君子不能像一件器具一样，只具有一定的用途。"

孔子认为，"为政"需要通才，"不器"即不做某一方面的专家，为政的人，需是无所不通的通才。

《诗经》里有句话："允文允武，昭假烈祖。"意思是说，能文又能武，功烈先祖光荣美好作出了示范。换句话说："允文允武"，也是"君子不器"的一种体现，即培养博学多识，具有多方面才干的君子。

《周易》说"形而上者谓之道，形而下者谓之器。"人应使自己的潜在才能、个性获得全面发展和实现。

唐棣之华

在春秋时期，无论是诸侯会盟、还是百姓日常交谈，都或多或少引用几句古诗来传情达意，这已经成为当时的一种社会风气。孔子也宣扬《诗经》的妙处，在《论语·子罕》中，孔子对诗句进行点评：

“唐棣之华，偏其反而。岂不尔思？室是远而。”子曰：“未之思也，夫何远之有？”

试译：

古代有几句这样的诗：“唐棣树的花，翩翩地摇动着。难道不想念你？只是因为相隔太远了呀！”孔子对此点评道：“他不是想念啊！（如果真想念）哪有什么路途遥远的说法？”

孔子对这首古诗的点评，传递了一种信念：真正思念一个人，或一件事，距离、路途、阻隔都不是问题，虽奔山赴海亦可为。

所以，孔子认为，诗人只是在找借口而已。孔子这里的点评，也和他追求“仁”的态度完全一致，那就是“我欲仁，斯仁至矣”。

孔子这句“未之思也，夫何远之有？”可以用来譬喻很多事情。钱穆认为：“此章言好学，言求道，言思贤，言爱人，无指不可。”中国诗妙在比兴，空灵活泼，义譬无方，读者可以随所求而各自得。孔子说此诗，可谓“深而切，远而近矣”。

乐与政通

大师，是中国古代专门掌礼乐教化的官职名称，其职责重在以乐配合政务教化。在《论语·八佾》中，孔子曾经用打比方的方式阐释乐理，以传达其“乐与政通”的理念：

子语鲁大师乐，曰：“乐其可知也：始作，翕如也；从之，纯如也，皦如也，绎如也，以成。”

试译：

孔子和鲁国的大师一起探讨演奏音乐的道理。他说："音乐，原理是可以知道的：乐曲开始的时候，好像花蕾初放，翕翕地热烈；紧接着，由小而大，但是很纯正和谐，皦皦地清晰，绎绎地不绝，后来到了音乐的高潮部分，如流水绵绵流淌，直至演奏结束。

孔子一向重视音乐的教化功能。然而，时值春秋乱世，礼崩乐坏。哪怕是掌管礼乐教化的官，也对乐的精神不太了解。

"时音乐废缺，故孔子教之"，孔子只能用打比方的方式，来阐释如何谱写一首代表民族精神的曲子，以及背后的乐理。这样制作出来的音乐，或激昂慷慨，或庄严肃穆，听完演奏者会有余音绕梁之感。

这种打比方的说话方法在《论语》中很常见，在《论语·八佾》中，鲁哀公曾经问宰予关于"社"的事：

哀公问社于宰我。宰我对曰："夏后氏以松，殷人以柏，周人以栗，曰，使民战栗。"子闻之，曰："成事不说，遂事不谏，既往不咎。"

试译：

鲁哀公问宰我关于社稷坛里种植的"国树"的事。

宰我回答说："夏代用松木，殷代用柏木，周代用栗木。意思是使百姓战战栗栗。"

孔子听到了，责备宰我说："既成之事就不要再解释了，已经完成的事也不要再挽救了。已经过去的事，就不要再追究了。"

宰予，字子我，是孔子的弟子，“社”，是社稷的简称。社为土神，稷为谷神。过去，在一个国家的都城，都建有社稷坛。在社稷坛里种的树，可以理解为“国树”，即国家精神的象征。

宰予后来回到孔子这里，报告见哀公的问答。

孔子听了以后就感叹了。就周朝而言，孔子认为文王、武王在各方面都做得挺好，但在选社稷树这件事上不大妥当。孔子认为，对于先贤，不宜多加批评，已经既成事实，再说也没什么用了，不必深究。

人有美质，而后可加文饰

《论语·八佾》

子夏问曰：“‘巧笑倩兮，美目盼兮，素以为绚兮。’何谓也？”子曰：“绘事后素。”曰：“礼后乎？”子曰：“起予者商也！始可与言《诗》已矣。”

试译：

子夏问孔子：“古诗里说，‘有酒窝的脸笑得很美，黑白分明的眼睛流转得很媚，洁白的底上画着绚丽的花。’这几句诗是什么意思呢？”

孔子说：“这是说先有白底然后再画花。”

子夏又问：“那么，是不是说礼在仁义后呢？”

孔子说：“卜商，你真是能启发我的人，从今以后，可以和你一起讨论《诗经》了。”

子夏问孔子，这三句话到底说些什么？显然，子夏并不是不懂，他是觉得这三句话形容得有些过分了，所以问孔子这是什么意思。

孔子告诉他“绘事后素”，也就是行事开始简单，然后逐步深入。这就好比人有美质，然后可加文饰。这是孔子的启发式教育，以子夏的悟性，自然是一点就透。

于是子夏向老师提出了自己的学习心得：“礼后乎?”

子夏之问，也给孔子也带来了启发。礼乐，正是产生于仁义之后。孔子认为子夏不但讲得对，而且更启发了他。从今以后，孔子多了一个可以探讨古诗的徒弟了。

如临深渊，如履薄冰

曾子，姓曾名参（shēn），字子舆，春秋末年鲁国人，是孔子晚年的弟子，儒家学派重要代表人物。颜回死后，传承孔子道统的就是曾子。他提出，每天以三件事反省自己的学养——为人谋而不忠乎？与朋友交而不信乎？传不习乎？

《论语·泰伯》中记载了曾子自觉不久于人世时，对弟子们吩咐后事：

> 曾子有疾，召门弟子曰：“启予足！启予手！《诗》云：‘战战兢兢，如临深渊，如履薄冰。’而今而后，吾知免夫！小子！”

试译：

曾参病重，就把他的弟子都召集来。说：“（掀开被子）看看我的脚！看看我的手（看看有没有损伤）!”《诗经》上说：‘小心啊！谨慎呀！好像面临深水坑旁，好像行走在薄冰上。’曾子接着说：“从今以后，我到这个地步，我才敢说，我将免于损伤了。弟子们!”

儒家讲究“身体发肤，受之父母，不敢毁也。”曾子临终，面对陪伴自己一生的躯壳，先让弟子看自己，有没有缺胳膊少腿，有没有受到损伤，然后说，之所以如此，是因为自己一生都常怀恐惧戒慎之心，“战战兢兢，如临深渊，如履薄冰。”

曾子告诫弟子们，只有走到了生命的尽头，到这个地步，才敢说自己将免于刑戮毁伤，不必再谨慎修德了。即一生都要谨慎、要修德。

宫墙与日月的譬喻

孔子师生之间的感情是很深厚的。

颜回短命，先孔子而去，孔子大哭：“天丧予！天丧予！”意思是，老天要我命啊。

当得知子路死于乱刃之下，孔子悲恸大呼：“天祝予！天祝予！”意思说，这是老天诅咒我啊。

孔子去世后，他的弟子们举家搬到孔子的墓旁，守孝长达三年之久，这是为自己的父母守孝才有的礼节。子贡作为孔子的得意门生，也一直守在老师坟墓旁边。三年之后，众弟子离去，子贡又守了三年。

《论语·子张》中记载，当时鲁国有位大臣名叫叔孙武叔。在朝廷上说子贡比孔子更加贤能，子贡用宫墙的比喻回应了他。

> 叔孙武叔语大夫于朝曰：“子贡贤于仲尼。”子服景伯以告子贡，子贡曰：“譬之宫墙，赐之墙也及肩，窥见室家之好。夫子之墙数仞，不得其门而入，不见宗庙之美，百官之富。得其门者或寡矣。夫子之云，不亦宜乎！”

试译：

叔孙武叔在朝廷上对官员们说：“子贡比孔子更加贤能。”

子服景伯把这句话转告给了子贡。子贡说：“这就好比房屋的围墙，我家的墙只有肩膀那样高，所以对屋子里的东西一览无余。我的老师的围墙高达数丈，找不到大门走进去的话，就很难看到里面的宗庙之美以及房舍的多种多样。能够找到大门的或许太少了。那么武叔那种说法，不是很自然吗?”

然而，叔孙武叔并没有停止毁谤孔子。子贡听到叔孙武叔依然说老师的坏话，立马加以制止。

叔孙武叔毁仲尼。子贡曰：“无以为也！仲尼不可毁也。他人之贤者，丘陵也，犹可逾也；仲尼，日月也，无得而逾焉。人虽欲自绝，其何伤于日月乎？多见其不知量也。”

试译：

叔孙武叔诽谤孔子。子贡说：“不要这样做！我的老师是你所毁谤不了的。别人的贤德，好比山丘，可超越过去；而夫子的贤德，好比太阳和月亮，是无法超越的。现在居然有人要自绝于日月，那对日月又有什么损害呢？只能表示他不自量罢了。”

面对风言风语，子贡为了捍卫老师的地位，不惜直接抨击权臣为“自不量力”。

第六章 孔子对公共事件的批判

第六章

孔子对公共事件的批判

孔子的“温、良、恭、俭、让”的态度，并不是说在重大问题上毫无原则。子曰：“侍于君子有三愆：言未及之而言谓之躁，言及之而不言谓之隐，未见颜色而言谓之瞽。”

孔子是在讲说话的艺术和事君之道。孔子认为，侍奉君王容易犯三种过失：没有轮到他发言而发言，那叫作急躁；到该说话时却不说话，那叫作隐，也可以理解为退缩；不看脸色而贸然说话，那叫作盲目。说话要选择时机，注意对象，讲究方式，这是尊重对方的表现，同时更是发挥自己说话效果的最好方法。

可见，孔子其实非常懂得如何说话不得罪人，正所谓“仁者无敌”，孔子极少因为私人恩怨而批评人，孔子所批判的，往往都是公共事件，都是出于公心。孔子编写完《春秋》说：“知我者，其惟《春秋》乎？罪我者，其惟《春秋》乎？”

这就是“知我罪我，其惟春秋”的来历。意思是说，我编写这本书，后人一定会毁誉不一，世人了解我，恐怕只能通过《春秋》了，世人责怪我，恐怕也只能通过《春秋》了。

始作俑者，其无后乎？

在孔子之前的时代，人殉是很普遍的，直接以活人殉葬。到周朝，活人殉葬得到有效控制，这在《周礼》中有明确记载。

孔子为什么说春秋时期礼崩乐坏呢？一个很重要的方面，就是在那时，人形陶俑殉葬的风气又流行了起来。

公元前492年，孔子到宋国，想向宋景公推销自己的政治理想。

到了宋国境内，孔子看见有民夫被驱使制作陶俑，这些陶俑是为宋国司马桓魋准备的殉葬品。当时，桓魋还不到40岁，就已经为后事做准备，并且还用了人形的陶俑殉葬。

孔子对此非常气愤，就批判说："始作俑者，其无后乎！"

意思是，制作的陶俑太像人了，用这种俑殉葬的人，不会有后代。这包含了孔子对"人形俑殉葬"最终会导致"真人殉葬"以及"活人祭祀"等野蛮风俗重现的恐惧与忧虑。"始作俑者，其无后乎"现在已经成了一个成语，其含义是第一个干坏事的人或者第一个带动恶劣风气之人，是极其恶劣的。

桓魋与孔子素昧生平，孔子骂他的话传到桓魋耳朵里，桓魋勃然大怒，派兵去诛杀孔子。据说，孔子得到了被追杀的消息时，正和弟子们在一棵大树下讲习礼法。弟子们很是恐惧，但孔子却对弟子们说："天生德于予，桓魋其如予何？"意思是，我有天命在身，桓魋不能把我怎么样。然后就带领弟子逃走了。桓魋带兵赶到时，发现孔子已走，他就气愤地伐倒了孔子在其树荫下讲学的那棵树。

孔子批评桓魋，完全知道其中的利害与风险，但孔子是出于一片公心。对于可能会对社会产生不良影响的行为，孔子一直持批判态度。

臧文仲是鲁国的大夫，为臧孙氏，名辰。他在当时被人们称为"智者"，但孔子却对这种评价很是不以为然。孔子对这位父母之邦的臧文仲的底细太了解了。在《论语·公冶长》中有这样一段记载：

子曰：臧文仲居蔡，山节藻棁，何如其知也？

试译：

孔子说："臧文仲为产自蔡地的大乌龟盖了一间房子，还采用古代天子的庙饰，有雕刻着像山一样的斗栱和画着藻草的梁上短柱，他这样做算是聪明人所为吗？"

古人认为乌龟有灵性，可以用来占卜。遇事不决，就用乌龟占卜。按照周礼的规定，可以用于占卜的龟有六种，这六种龟各藏于一个屋子里，由专人管理。

臧文仲是鲁国的掌龟大夫，他对其中一只产自蔡地的大乌龟特别上心，为它特别修建了一间屋子，还在屋子上装修了"山节藻棁"。这些纹样与装饰，其实是天子才配享有的庙饰。

在孔子看来，臧文仲这种行为，岂止是一种僭越，还可能涉嫌亵渎天子。几乎是近于愚蠢，破坏了礼乐制度，这种行为会给社会风气带来不好的影响。

礼乐的内涵不是搞形式

孔子所处的春秋时代，周天子的权威已经丧失，礼乐文化遭到了弃毁，虽然一些礼乐的形式仍然得以保留，但很多诸侯已经"知仪不知礼"。

子曰："礼云礼云，玉帛云乎哉？乐云乐云，钟鼓云乎哉？"

试译：

孔子是说："礼呀，礼呀，难道仅仅说的是玉器和丝帛等礼物吗？乐呀，乐呀，难道仅仅说的是钟鼓等乐器吗？"

孔子的这番感慨，出现在《论语·阳货》中。孔子30岁的时候，就已经因为对“礼”的熟知而名满天下。孔子曾经亲眼目睹过诸侯“知仪不知礼”的一些事件，他是最有资格对此发表看法的。

有一次，鲁哀公问了孔子一个很无聊的问题：“上古的舜帝，戴什么样的帽子啊？

对于这个无聊的问题，孔子感到很是无奈。这也弄得鲁哀公很不解：“我向您询问，您为什么不说话呢？”

孔子含蓄地揶揄道：“你问的只是一个无关紧要的小问题，而对真正的大问题却不闻不问，我该如何回答你呢。”

鲁哀公说：“什么才是真正的大问题呢？”

孔子告诉鲁哀公：“舜在世的时候，为什么天下能治理得这么好呢？舜担任国君，他的政治措施喜欢救人而讨厌杀人，任用贤能而替代不肖。这么重要的问题你不问，却要问他戴什么帽子这样无聊的问题，所以，我不知该怎么回答。”

鲁昭公五年，昭公去晋国朝拜晋平公。从郊外举行的欢迎仪式，直至馈赠等所有的外交仪式，鲁昭公都做得非常到位。

晋平公对鲁昭公很是刮目相看，他对晋国大夫女叔齐说：“你看，国君这不是很知礼吗？”

然而，女叔齐却不以为然地说：“鲁昭公擅长的只是仪式罢了，根本不懂周礼的精髓所在。”

女叔齐认为，礼是用来守卫国家、执行政令、安定民心的。现在，国君的大权旁落到了三家权臣手中。老百姓现在都不怎么关注国君的处境了。身为国君，杀身之祸马上就要降临了，应赶快想办法，不应在研究礼仪这种琐屑之事上浪费时间，他根本不懂礼。

晋国大臣女叔齐与孔子的思路完全一致。

“礼”的核心精神与终极目的，不在于流于形式的的繁文缛节，而是要通过“礼”达到政通人和、安定世道人心的目的。所以，从这个角度讲，鲁昭公确实是不知礼的。

《史记》记载：“昭公年十九，犹有童心”“居丧意不在戚而有喜色”，还迎娶了和自己同姓的女子为妻，可以说，鲁昭公是一个相当肤浅的人。但在外交场合，陈国的大臣问起鲁昭公是否“知礼”，孔子只能从维护国君的立场出发，说鲁昭公“知礼”。

鲁昭公五年，季孙氏、叔孙氏、孟孙氏三大权臣将鲁国政权瓜分，形成了“三桓专权”的局面，已经动摇了政权的根本。当鲁昭公明白过来，想要收回大权时，反而引起“三桓”联手，鲁昭公被驱逐出国，最终客死他乡。

泰山之神不会保佑季氏

古人认为泰山有神，所谓“东岳之神”。古代有封泰山之礼，天子在泰山上筑土为坛祭天，报天之功，称为“封”；在泰山下梁父山上辟场地，报地之功，称为“禅”。

《论语·八佾》中记载了季康子去祭祀泰山，孔子与冉有的对话：

季氏旅于泰山，子谓冉有曰：“女弗能救与？”对曰：“不能。”子曰：“呜呼！曾谓泰山不如林放乎？”

试译：

季氏要去祭祀泰山，孔子对冉有说：“你不能阻止吗？”冉有回答说：“不能。”孔子说：“唉！难道说泰山之神还不如普通人林放懂礼吗？

“季氏旅于泰山”，这其实是个借口和掩护，季氏其实是想封禅，到泰山去祈祷东岳之神的保佑。

按春秋礼法，天子才有资格祭祀泰山。季康子级别远远不够。所以，在孔子看来，这是僭越之事。是和“八佾舞于庭”一样，“是可忍孰不可忍”的行为。

孔子的弟子冉有在季家做总管。做了季康子的家臣之后，冉有一方面展示出了高超的政治才华，另一方面也受到了孔子的严厉批评。

孔子希望冉有极力劝谏，结果冉有说自己做不到。

林放，字子丘（邱），春秋时期鲁国人，故里在今山东新泰市放城镇。大约与孔子同时代，也是以知礼著称。林放曾经向孔子问礼。在《论语·八佾》中，有这样的记载：

林放问礼之本。子曰："大哉问！礼，与其奢也，宁俭；丧，与其易也，宁戚。"

试译：

林放问孔子，礼的本质是什么？

孔子说："你问的问题意义重大。就一般礼仪说，与其铺张浪费，不如朴素俭约；治丧，与其在仪式上面面俱到，不如内心真正哀伤。

因为这段记载，林放被后世尊为"先贤"。

孔子说，林放只是个普通的人，他都知道问礼，而东岳之神聪明正直，季康子去祭祀他，贿赂一下神明，就能获得庇佑吗？难道那个泰山之神，还不如林放这个人有智慧吗？

微子、箕子、比干都是仁者

微子是殷纣王的同母兄长，见纣王无道，就去劝谏，最终无果。微子打算以死明志，他的师父劝告他说，如果你认为死谏就可以唤醒国君，换来商朝的复兴，那是可以去做，但如果毫无作用，我劝你还是出逃吧，既能全身，也能落个清白。于是，微子离开了纣王。

箕子是殷纣王的叔父，劝说纣王无效，但他没有逃，也没有死，而是选择了装疯卖傻，最后被降为奴隶。

比干是殷纣王的叔父，屡次强谏，激怒纣王而被杀。

《论语·微子》中记载如下：

微子去之，箕子为之奴，比干谏而死。孔子曰："殷有三仁焉。"

试译：

微子离开了商纣王，箕子做了他的奴隶，比干因谏劝而被杀。孔子说："殷商末年有三位仁人！"

这三个人对于殷纣王的暴政都看不过去，都热爱自己的国家，但采取的回应方式却截然不同。对此，孔子均表示理解和赞赏，认为他们是殷末的三个"仁人"。

学者李零认为，这是由孔子的人生际遇所决定的，因为孔子的一生，是"知其不可而为之"。孔子与那些隐逸之士的共同之处，就是对恶势力持不合作和不抵抗的态度。孔子与隐士不同之处在于，他执着进谏，一直想用自己的微薄之力推行大道，靠自己去说服打动人主和诸侯，施行仁政。

柳下惠降志辱身

《论语·微子》中有这样一段：

逸民：伯夷、叔齐、虞仲、夷逸、朱张、柳下惠、少连。子曰："不降其志，不辱其身，伯夷、叔齐与！"谓："柳下惠、少连，降志辱身矣，言中伦，行中虑，其斯而已矣。"谓："虞仲、夷逸，隐居放言，身中清，废中权。我则异于是，无可无不可。”

试译：

古今被遗落的人才有：伯夷、叔齐、虞仲、夷逸、朱张、柳下惠、少连。孔子说：“不降低自己的意志、不辱没自己的身份，说的就是伯夷和叔齐吧！”（孔子）又说：“柳下惠、少连降低自己的意志，辱没了自己的身份，但言语得体合乎法度，行为经过考虑，也就是如此罢了。”（孔子）又说：“虞仲、夷逸，避世隐居，放肆直言，行为廉洁，被废弃也是他的权术。我却同这些人不同，没有什么可以，也没有什么不可以。”

逸民，就是隐士。据钱穆先生所言：“逸者，遗佚于世。民者，无位之称。下列七人，皆逸民也。”孔子所列举的这七位古代逸民，孔子对他们的行为一一做了中肯评价。

孔子认为，这七位隐士中，最值得钦佩的，是志向不变的人，如伯夷、叔齐，不食周粟而死，志比身坚，孔子予以最大的肯定。

柳下惠三仕三黜，明知道做不好，非硬做不可，又不知道权变，孔子认为，这样做可以说降其志，又辱其身了。孔子认为，他们属于等而下之的隐士。

柳下惠作为遵守中国传统道德的典范，因其“坐怀不乱”的故事而广为人知。柳下惠曾掌管鲁国的司法大权，作过法官，坚持“以直道事人”，当时朝政把持在臧文仲等人手中。柳下惠因为生性耿直，接连三次受到黜免。100多年后，孔子的后代为其鸣不平：“臧文仲其窃位者与？知柳下惠之贤而不与立也！”

柳下惠虽然道德学问名满天下，各国诸侯都争相任用他，但都被他推掉了。至于理由，《论语·微子》中是这样记载的：

柳下惠为士师，三黜。人曰："子未可以去乎？"曰："直道而事人，焉往而不三黜？枉道而事人，何必去父母之邦？"

试译：

柳下惠做法官，多次被撤职。有人对他说"您不可以离开吗？"他说："因为坚持了做人的原则正直地工作，无论在哪里做官，都会遭遇黜免；做出妥协，放弃一些做人的原则，在鲁国也可以得到高官厚禄。那又何必离开我的父母之邦呢？"

柳下惠、少连虽然差了点，但他们一生的言语思想是"中伦"的，也就是中于伦常的道理，是得体的，他们的行为合乎中正的精神。但对社会也没有贡献，可以说是自己"降志辱身"了。

更等而下之的，是虞仲、夷逸这几个人，他们逃避了社会责任，一辈子隐居，作壁上观，放言高论、指指点点。他们也就仅仅做到了"清高"而已，虽然他们放弃富贵，选择归隐，这也不过是一种权宜之计罢了。

最后，孔子评价了自己，说自己和这7位隐士不一样，是"无可无不可"，意思是"用之则行，舍之则藏"。也就是说当国家、社会需要的时候，他也可以出来做事，担负起时代的责任。当时代不再需要的时候，他也可以做隐士，并为自己设定一个不可更改的方向。

服丧三年，算久吗

孔子在《论语·学而》篇中说："孝弟也者，其为仁之本。"意思是，对父母的孝与对兄弟的爱，是最基本的求仁行为。如果这两点都做不到，那就不要妄谈成为仁者。

孔子的弟子宰予辩才天下无双，"孔门四科"里面宰予是言语第一。有一次，宰予来向老师请教，父母去世，子女要为父母守孝的问题。宰予决定和老师辩一辩，《论语·阳货》里记录了师徒之间这次精彩的辩论：

宰我问："三年之丧，期已久矣！君子三年不为礼，礼必坏；三年不为乐，乐必崩。旧谷既没，新谷既升，钻燧改火，期可已矣。"

子曰："食夫稻，衣夫锦，于女安乎？"

曰："安！"

"女安，则为之！夫君子之居丧，食旨不甘，闻乐不乐，居处不安，故不为也。今女安，则为之！"

宰我出。子曰："予之不仁也！子生三年，然后免于父母之怀。夫三年之丧，天下之通丧也，予也有三年之爱于其父母乎！"

试译：

宰我问："父母死了，守孝三年，我认为为期太久长了。君子三年不去习礼仪，礼仪一定会废弃掉；三年不演奏音乐，音乐一定会失传。陈谷既已经吃完，新谷又已经登场；用于打火的燧木又经过了一个轮回，一年就可以了。"

孔子说："为父母服丧不到三年，就吃那白米饭，穿那花锻衣，你能心安吗？"

宰我说："能心安。"

孔子说："你能心安，你就那样干吧。君子的守孝，吃美味而不觉得甘甜，听音乐不觉得快乐，住在家里不觉得舒适，所以不会这样干。现在你说能心安，你就去那样做吧！"

宰我退了出来，孔子说："宰我真不仁啊！孩子生下来，三年后才能完全脱离父母的怀抱。替父母守孝三年，是天下通行的丧礼。宰予难道没有从他父母那里得到过三年怀抱的爱护吗？”

服丧三年是古礼，据《礼记》记载，这是周公所制定的。在孔子所处的春秋时代，生产力已经得到较大的发展，服丧三年的合理性渐渐受到了挑战，人们渐渐地觉得“服丧三年”确实太长。

宰予认为当时丧礼规定的三年丧期太长，觉得一年就足够了。能不能缩短守丧的时间呢？宰予又“以子之矛，攻子之盾”，从儒家的逻辑上提出，如果君子三年不为礼，礼必坏；三年不为乐，乐必崩。

孔子作为卫道者，他认为孝是发自内心的回报，孩子在父母怀抱三年，孩子为父母守丧三年，不是理所应当的吗？孔子的这个反驳，也堪称妙绝。宰予的说法确实有其合理性，后世也提出应对丧礼进行改革，提出了要为父母服“心丧”三年的说法。

人心诡诈，狂浪乖戾

孔子所讲的古人，是夏、商、周三代之人，是尧、舜、禹、汤那个时代的人，那时候的人心地纯朴、厚道。到了春秋时期，已经“人心不古”，已经变得狂浪乖戾，诡诈虚伪了。《论语·阳货》中这样记载：

子曰：“古者民有三疾，今也或是之亡也。古之狂也肆，今之狂也荡；古之矜也廉，今之矜也忿戾；古之愚也直，今之愚也诈而已矣。”

试译：

孔子说：“古代的人有三种毛病，现在，恐怕就连这三种毛病也都没有了。古代的狂妄者肆意直言，而现在的狂妄者却是放荡无羁了；古之骄矜者，还有些不能触犯的地方，现在那些骄矜的人却只有凶恶蛮横，无理取闹；古代愚笨的人还是直率一些，现在的愚笨者就只是欺诈耍手段罢了！”

孔子在鲁国当大司寇，其实只干了三个月。传说孔子上任第七天，就诛杀了当时的名人少正卯。这个少正卯其实并没有犯什么大罪，只是有佞才而已，言伪而辩，可以乱正。他的歪理邪说很吸引人，且具有煽动性。为了不让少正卯妖言惑众，孔子一上任就对他从重、从快惩处。

第七章 机锋与思辨

第七章

机锋与思辨

德国哲学家黑格尔曾经评价孔子说："孔子只是一名实际的世间智者，在他那里的思辨的哲学是一点也没有的——只有一些善良的、老练的、道德的教训，从里面我们不能获得什么特殊的东西。"

这其实是一种以偏概全的错误评价，黑格尔很可能未曾领略孔子思想之全貌。在《论语》中，充满了机锋和思辨的言词。语言的机锋，其实源于头脑的思辨。

一言兴邦　一言丧邦

《论语》里的很多对话，既有洞察力，又有思辨力，还有警醒力，既委婉规劝，又直达问题本质，可以使听者愉快接受。《论语·子路》中记载了这样一段：

> 定公问："一言而可以兴邦，有诸？"
>
> 孔子对曰："言不可以若是其几也。人之言曰：'为君难，为臣不易。'如知为君之难也，不几乎一言而兴邦乎？"
>
> 曰："一言而丧邦，有诸？"

孔子对曰："言不可以若是其几也。人之言曰：'予无乐乎为君，唯其言而莫予违也。'如其善而莫之违也，不亦善乎？如不善而莫之违也，不几乎一言而丧邦乎？"

试译：

鲁定公问："凭着一句话就能让国家兴盛，有这样的事吗？"

孔子回答说："话不能这样简单机械。不过大家都说'做国君难，做臣子的也不容易。'如果知道了做国君的艰难，（自然会谨慎认真地去做事）这就相当于一句话而使国家兴盛吗？"

鲁定公说："因一句话而丧失了国家，有这样的事吗？"

孔子回答说："话不能这样简单机械。不过大家都说'做国君没有做别的快乐，只是我说的话没有人敢违抗。'如果说的话正确而没有人违抗，不也很好吗？如果说的话不正确也没有人敢违抗，这不就相当于一句话就可以丧失国家吗？"

对于鲁国国君的提问，孔子的回答可谓委婉得体。他先将话题稍微做了一个缓冲，先保留自己的意见，指出要具体问题具体分析。对于国君而言，确实存在"一言而可以兴邦""一言而可以丧邦"的可能性，但也不能一概而论。

接着，孔子引用了当时流行的"为君难，为臣不易"，指出，以此作为为政的指导，那么就接近于"一言而可以兴邦" 。

孔子的这个回答，不但接住了鲁定公的问题，又委婉地指出，执政者要施行仁政，在君臣同心的情况下，才可以创造"一言兴邦"的土壤。同时，执政者要避免暴政，在"伴君如伴虎"的情况下，臣子为了自保，会无条件执行君主的一切指令，这其实也就为"一言丧邦"埋下了隐患。

孔子推崇“直道”

微生高，姓微生，名高，也写作“尾生”或者“尾生高”，鲁国人，是孔子的弟子。《战国策》中有“信如尾生高”的说法。《史记·苏秦列传》《淮南子·汜论》等都记载了尾生高守信的故事。《论语·公冶长》中这样记载：

子曰：“孰谓微生高直？或乞醯焉，乞诸其邻而与之。”

试译：

孔子说：“谁说微生高这个人直爽？有人向他讨点醋，他不直说自己没有，到邻居家讨了点给人家。”

在《庄子·盗跖》里，有“尾生溺死，信之患也”的说法。说他与友人相约桥下，友人却迟迟不来，后因涨水，为了信守承诺，他抱着桥柱被淹死。庄子认为这是“信之患”！

当时人说微生高这个人很直爽、坦率，但是孔子认为他名不符实，还不够真正的“直道”。

自己没有醋就借来给人家，这种行为固然是在助人，但算不上是直道。行直道的人，有就是有，没有就是没有。微生高的品性不坏，只是有点儿教条主义。

什么是“直道”？

道家提倡“以德报怨”，然而，孔子在这一点上和道家截然不同。在《论语·宪问》里，孔子反对这样做：

或曰：“以德报怨，何如？”子曰：“何以报德？以直报怨，以德报德。”

试译：

有人问孔子："用恩德来回应怨恨，怎么样？"

孔子回答："拿什么来回应恩德呢？用公平正直来回应怨恨，用恩德报答恩德。"

孔子讲求公平，所以提倡"以直报怨"。

人人应知的"从政秘诀"

颛孙师，复姓颛孙，名师，字子张，春秋战国时期陈国人，"孔门十二哲"之一，比孔子小48岁。他之所以到孔子这里求学，目的很明确，就是要学"干禄"的。

在古代，"俸"和"禄"意义相近，但其实是两个概念，"俸"指货币，所以又称"俸银"或"俸钱"；而"禄"指谷物，又称"禄米"。因为人们常用俸银和禄米来计算官吏的收入，所以两者渐渐变成了一个词：俸禄。什么叫"干禄"呢？就是怎样去谋求禄位。"干"就是干进、干求，干禄，就是如何得到禄位。

《论语·为政》中这样记载：

子张学干禄。子曰："多闻阙疑，慎言其余，则寡尤；多见阙殆，慎行其余，则寡悔。言寡尤，行寡悔，禄在其中矣。"

试译：

子张向孔子学习谋求官职得俸禄的方法。孔子说："多听，有怀疑的地方，先放在一旁留着，谨慎地说出那些自信的部分，就可以少犯错误；多观察，不明白的就保留，其余足够自信的部分谨慎地实行，就能减少懊悔。说话少过失，做事少懊悔，官职俸禄就在这里面了。”

孔子希望弟子们学的是仁、义、礼、智、信，然而，子张来的时候，非常直率地表明志愿：我上学就是为了谋求禄位。

孔子并没有生气，循循善诱，告诉他，想要胜任禄位，就要“多闻阙疑”“多见阙殆”。此外，一个人能够做到少讲错话，少做错事，就不至于踏错行差。这样去谋求禄位，可以得到重用，禄位的道理就在其中了。

《论语·为政》中记载了孔子对于为政的看法：

或谓孔子曰：“子奚不为政？”子曰：“《书》云：‘孝乎，唯孝，友于兄弟，施于有政。’是亦为政，奚其为为政？”

试译：

有人对孔子说：“你为什么不去为政呢？”

孔子回答说：“《尚书》上说‘孝就是孝敬父母，友爱兄弟。把这种风气影响到政事上去。’这就是为政啊，你为什么认为只有做官才能算是为政呢？”

孔子这里所讲的，与“修身齐家治国平天下”可视为同一件事，所以他说，何必非要“当官”才去学习“为政”之道呢，生活中处处用得着这些道理啊。

巧妙回应无礼的诘难

孔子因“知礼”而闻名天下，是当时礼仪方面的权威，对周礼再熟悉不过了，他做鲁国大司寇时，参与了宗庙大典，但他来到祭祀的太庙里却每件事都要问别人，问清楚了才采取行动。所以，有人就对他是否真的懂礼表示怀疑，这个时候，孔子如何应对这一诘难呢？《论语·八佾》中有详细记载：

子入太庙，每事问。或曰："孰谓鄹人之子知礼乎？入太庙，每事问。"子闻之，曰："是礼也。"

试译：

孔子进了太庙，每遇到一件事都要认真地询问。有人说："谁说叔梁纥的这个儿子精通礼仪呀？他到了太庙里，每件事都要向别人请教。"

孔子听到这话，说："（我向人请教）这正是一种礼啊。"

鄹，音邹，又作郰，地名，也是孔子出生的地方。"鄹人"指孔子父亲叔梁纥，因其曾作过鄹邑大夫，古代经常把某地的大夫称为某人。

孔子曾经说："知之为知之，不知为不知。"要有一颗谦虚敬畏的心，知道就是知道，不知道就是不知道。不用怕别人认为自己不知道，不懂就要问，这就是好学，是知礼的表现。孔子是谦虚好学，是遵循礼的精神，其行为正是知礼的表现。

学与思之辩

学，是对前人知识的吸收，通过学习，人们可以快速地掌握前人所积累的经验、教训，省去很多时间和精力。

对于芸芸众生而言，学，才是思辨的基础。所以，在《论语·卫灵公》中，孔子更推崇"学"：

子曰："吾尝终日不食，终夜不寝，以思，无益，不如学也。"

试译：

孔子说：“我曾经整日不吃饭，整夜不睡觉，废寝忘食地去想，结果还是没有益处，还不如去学习。”

我思故我在。“学”固然有好的方面，缺点则是纯粹思辨太不发达。正如法国思想家帕斯卡所言：“人是一支有思想的芦苇。”人区分于世间其他物种的唯一之处，在于人具有思考能力。每一条定理、公式，都是由人思考得出来的。

关于学与思，在《论语 · 为政》中，孔子提出了一种更全面、辩证的观点：

子曰：“学而不思则罔，思而不学则殆。”

试译：

孔子说：“只读书学习，却不思考领悟，就会罔然无知而没有收获；只空想，而不去读书学习，就会陷入疑惑（而无所得）。”

有些人读了很多书，学识渊博，却没有独到的见解，那就是一种不切实际的“罔”。

有些人喜欢思考，但没有经过踏实的求学，那么很容易师心自用，陷入胡思乱想，这是非常危险的。曾有一位年轻读者写信给杨绛先生，虔诚地请杨先生指点人生，杨绛先生的回答一针见血：“你的问题主要在于读书不多而想得太多！”

行与思之辩

《论语·公冶长》中有这样一段：

> 季文子三思而后行。子闻之，曰："再，斯可矣！"

试译：

季文子办每件事都要反复考虑多次才行动。孔子听到后，说："想两次就可以了。"

季文子做事情过分小心，过分仔细，喜欢"三思而后行"。

对于这个议题，著名学者季羡林曾写的一篇文章，叫《三思而行》，曾有深入的解析，摘录如下：

> 吾家老祖宗文子（季孙行父）的三思而后行的举动，二千六七百年以来，历代都得到了几乎全天下人的赞扬，包括许多大学者在内。查一查《十三经注疏》，就能一目了然……
>
> ……
>
> 可是，我们的孔圣人却冒天下之大不韪，批评了季文子三思过多，只思二次（再）就够了……多思有什么坏处呢？又有什么好处呢？根据我个人几十年来的体会，除了下围棋、象棋等以外，多思有时候能使人昏昏，容易误事。平常骂人说是"不肖子孙"，意思是与先人的行动不一样的人。我是季文子的最"肖"子孙。我做事不但三思，而且超过三思，是否达到了人们要求诸葛恪做的"十

思”，没做统计，不敢乱说。反正是思过来，思过去，越思越糊涂，终而至头昏昏然，而仍不见行动，不敢行动。我这样一个过于细心的人，有时会误大事的。我觉得，碰到一件事，决不能不思而行，鲁莽行动。记得当年在德国时，法西斯统治正如火如荼。一些盲目崇拜希特勒的人，常常使用一个词“Daraufgalngertum”，意思是“说干就干，不必思考”。这是法西斯的做法，我们必须坚决扬弃。遇事必须深思熟虑。先考虑可行性，考虑的方面越广越好。然后再考虑不可行性，也是考虑的方面越广越好。正反两面仔细考虑完以后，就必须加以比较，做出决定，立即行动。如果你考虑正面，又考虑反面之后，再回头来考虑正面，又再考虑反面，那么，如此循环往复，终无宁日，最终成为考虑的巨人，行动的侏儒。所以，我赞成孔子的“再，斯可矣”。

可见，思考并不一定是越多越好。比如下棋，象棋大师胡荣华先生曾经讲过，不少棋手之所以输棋，往往是因为他在一步“优秀”的棋和一步“完美”的棋之间犹豫不决，耗费了过多的时间和精力。所以说，过分谨慎就会变成优柔寡断。

质胜文则野，文胜质则史

在《论语·雍也》中，孔子认为，文采和朴实，配合适当，这才是个君子：

子曰：“质胜文则野，文胜质则史。文质彬彬，然后君子。”

试译：

孔子说："质朴多于文采，就会显得粗野，而文采多于质朴，就会显得虚浮。质朴和文采配合适当，才可能成为一个君子。

通常的解释是，文就是文采，有修饰；野就是野蛮，粗野。史就是虚浮，脱离现实。此处的"文"字，也可以理解为我们今天所说的"文化教养"。"质"则指人的朴实的天性。如果一个人只按照朴实的本性行事，难免会流于"鄙野"。

先民与文明的现代人，在本质上并没有区别。"质"是朴素的本质；"文"是人类随着文明的演变，附加上去的文化、经验等。

如果完全顺着先民原始的本质，那么也难免流于落后、野蛮，这就是"质胜文则野"。但是，如果文化、理性使人失去了本质与天真，失去了生命力，这就是"文胜质则史"。

所以，"君子"应当对"文""质"做恰到好处的拿捏，既不能太鄙俗、粗野，也不能太斯文、太迂腐。文与质之辨，也可用于品读历史。唐朝是一个"质胜文"的朝代，唐朝生命力旺盛，质朴刚健，其间近三百年武德丰沛，其在生命力旺盛的时候，做出的事业很辉煌，一切井井有条，可是到了王朝末期，生命力衰弱时，就出现了唐末五代的末世乱象。而宋朝的特点就是"文胜质"，它一直文弱，虽然这个朝代也维持了三百多年，其根本原因就在于它的"文"，它的发展是过于理性的，也是羸弱的。

欲和刚的冲突

申枨是孔子"七十二贤徒"之一，此人以"刚强"闻名。

《论语·公冶长》中孔子否定了这一说法：

子曰："吾未见刚者。"或对曰："申枨。"子曰："枨也欲，焉得刚？”

试译：

孔子说：“我没见过刚毅不屈的人。”有人说：“申枨是这样的人？”孔子说：“申枨这个人，欲望太多，如何称得上刚毅不屈呢？”

这里所讲的“欲”，可理解为“嗜欲”，也就是欲望太多。值得注意的是，脾气大不算“刚”，刚的人是方正。一个人若是欲望太深，就会屈从于自身欲望的牵引，而不能做出果敢或刚烈且不违背自己意愿的决定。一个人如果嗜欲太深，是刚不起来的。正所谓“有求皆苦，无欲则刚”。功名官爵，货财声色，皆谓之欲，俱可以杀身。

北宋大儒周敦颐曾言：“无欲则静，静则明。”庄子也曾经说过“嗜欲深者其天机浅”，欲望太深，不但不刚强，还会不聪明。所以，人要到“无欲”才能刚强，才能明智。

正如苏轼所说：“夫物非刚者能刚，惟柔者能刚尔。畜而不发，及其极也，发之必决。”

老好人到底是情商高，还是“德之贼”？

在《论语·子路》中，子贡请教孔子一个问题：

子贡问曰：“乡人皆好之，何如？”子曰：“未可也。”“乡人皆恶之，何如？”子曰：“未可也；不如乡人之善者好之，其不善者恶之。”

试译：

子贡问道："全村人都喜欢、赞扬他，这个人怎么样？"

孔子说："还是不行。"

子贡又问孔子："全村人都厌恶、憎恨他，这个人怎么样？"

孔子说："还不行。最好是全村的好人都喜欢他，全村的坏人都厌恶他。"

孔子认为，不要看这个人是不是人人都喜欢，关键是看对他的评价中，好人和坏人是不是划清界限了。因为真君子一定会得罪人的。

在《论语·阳货》中，孔子把那种谁也不得罪的老好人，称为品德败坏的小人：

子曰："乡愿，德之贼也。"

试译：

孔子说："所谓的没有真是非的人，是一种败坏道德的小人。"

根据《孟子》的记载，孔子还曾经这样说："过我门而不入我室，我不憾焉者，其惟乡原乎！乡原，德之贼也。"

意思是，有人经过我家门前，但不进来坐坐，我不会为此感到遗憾的，只有那一乡之中谁也不得罪的老好人吧！这种人实在是败坏道德的人！

从表面上看，一个对全乡人都不得罪的老好人，人畜无害，情商颇高。其实，这种人抹杀了是非曲直，混淆了黑白善恶。本质上，这种人就是为了谋取自身利益，在道德中掺假，是"德之贼"。

当仁不让

“仁”这个概念，在春秋时期已经出现，但是在孔子之前，人们只是泛泛而谈。孔子敏锐地把握了“仁”的奥义，并将其作为自己思想的一个核心组成部分。《论语·卫灵公》中这样记载：

子曰：“当仁，不让于师。”

试译：

孔子说：“面对仁德，就算是对老师也不用谦让。”

孔子的意思是说，遇到行仁之事很紧急的时候，可以“不让于师”。譬如说你看到一个儿童落水了，你跟你的老师在一起，你就不需要再请示老师，救人要紧啊。

于是，孔子的学生宰予又向孔子问了一个相关的问题。《论语·雍也》中详细记载了这段对话：

宰我问曰：“仁者，虽告之曰：‘井有仁焉。’其从之也？”

子曰：“何为其然也？君子可逝也，不可陷也；可欺也，不可罔也。”

试译：

宰予问孔子：“有仁德的人，如果告诉他‘井里掉下一位仁人’，他是不是就应该跟着跳到井里去？”

孔子回答：“为什么要这样做呢？君子可以叫他远远走开不再回来，

但却不能陷害他；君子可以欺骗他，但不可以无理愚弄他。

在整部《论语》里，关于孔子和宰予辩论的记载俯拾皆是。孔子曾经说他“朽木不可雕也”，但其实他是孔子的得意门生。

宰予是孔子三千弟子、七十二贤人中一个特别的人，他不唯书，不唯上，可以说“吾爱吾师，吾更爱真理”。宰予在言语科能力排名第一，而大外交家子贡只能屈居第二。子贡以言辞机巧著称，而宰予则以雄辩著称。

孔子认为，一个有学问的君子，他必须要懂得随机应变。一个有见识的明白人，宁可离开而得不到这个仁，也不可以使自己陷进去，最终仁和命全丢了。一个君子可以为了“义”牺牲自己，但“不可陷也”，绝不受人家的愚弄和利用，让自己落入陷阱之中。

孝的真谛在于共情

关于孝道，孔子认为，身教重于言教。孔子弘扬孝道，将孝的真谛流传后世。

孔子的弟子孟懿子是鲁国的权臣。孟懿子曾经向孔子请教什么是孝，孔子说：“孝就是不要违背礼。”

后来，有一次樊迟给孔子驾车的时候，孔子告诉他：“孟孙曾经问过我什么是孝”，我是回答是“不要违背礼”。

樊迟说：“‘不要违背礼’是什么意思呢？”

孔子说：“就是父母在世的时候，要按礼去侍奉他们；父母去世后，要按照礼去安葬、祭祀他们。”

孟武伯是孟懿子的儿子，他是一位“世家公子”。在《论语·为政》里记载孟武伯也前来向孔子问孝：

孟武伯问孝。子曰："父母唯其疾之忧。"

试译：

孟武伯问孔子什么是孝道，孔子说："就像孩子生病了，做父母的只为孩子担忧那样。"

孔子讲话，讲究因人施策。他给父子俩的答案是不一样的。孔子说："父母唯其疾之忧。"孔子打比方说，所谓孝心，就像父母看到孩子生病了，那种忧愁、担心一样。这种心境，也应该是孩子对父母的牵挂。孔子认为，对父母能付出当自己孩子生病的时候那种程度的关心，才是孝道。

孔子这个回答非常妙，他指出了孝顺的真谛在于共情与换位思考。常言道："不当家不知柴米贵，不养儿不知父母恩。"只有自己成为人父人母后，才能真正体会出来。

本质上，孝心就是对父母爱心的反哺和回馈，你只要记得自己生病时，父母多么焦虑，就能以同样的心情侍奉父母，这就是对父母的爱，也就是孝。

从形式上看，孔子对孟武伯这位世家公子的问孝，给我的答案与给其父的大不相同。但本质上，其内核是一样的，都是要回报父母的养育之恩，自然要以"礼"相待。

富贵谁不喜欢呢，但是……

在《论语 · 述而》里，孔子再次对富贵与贫贱进行了思辨：

子曰："富而可求也，虽执鞭之士，吾亦为之。如不可求，从吾所好。”

试译：

孔子说：“如果可以追求合理的财富，就算是做市场的守门卒，我也愿意。如果不能合理求得，我还是做我的事情吧。”

在古代，有两种人可称为“执鞭之士”。一种是古代为天子、诸侯和官员出入时手执皮鞭开路的清路人，还有一种就是在市场维持秩序的守门人。

孔子认为，富是不可以去乱求的，假使可以合情、合理、合法地求得，哪怕是做一名守门人，他也愿意。

由此可见，孔子不反对人们对财富的合理追求；但求富贵必须符合“道”。只要是合乎“道”，富贵就是可以追求的，不合乎“道”，富贵“于我如浮云”。

孔子此言，是一种乐天知命的表现，有一种“小富靠勤，大富靠命”的意味在里面。人生在世，很多东西不是通过努力就可以获取的，如果富“不可求”，那还不如从事自己爱好的事业呢。因为富贵只是一种生活形态，而不是人生追求的使命与目标。

在《论语·里仁》中，孔子进一步阐述了这种观点：

子曰：“富与贵，是人之所欲也；不以其道得之，不处也。贫与贱，是人之所恶也；不以其道得之，不去也。君子去仁，恶乎成名？君子无终食之间违仁，造次必于是，颠沛必于是。”

试译：

孔子说：“发财做官，是人人都想要得到的；如果不能用正当的方式获得，君子是不会谋求的。贫贱，是人人所厌恶的；如果不能用正当的方法抛掉它，君子宁愿不去改变。君子抛弃了仁德，又怎样成就他的名声呢？君子不会在一顿饭这么短的时间违背仁德，就算是在仓猝匆忙的时刻也必须按照仁德行事，就是在颠沛流离的时候，也会同仁德同在。”

孔子认为，当一个人失去了“仁”，就相当于失去了精神内核，还能靠什么去成就美名呢？

所以，君子不会在哪怕一顿饭那样短的时间里违背仁德。无论是在危机的时刻，还是在颠沛流离的境遇中，君子都不违背“仁”的修养。换句话说，得意的时候，要倚仗“仁”而成功，失败了，也要依靠“仁”而达到内心的平衡。

管仲的小器与大功

齐襄公是齐桓公的异母哥哥，齐襄公在位期间，荒淫无道，与其异母妹妹文姜乱伦，又派人谋害了鲁桓公。

齐襄公铸成大错，他的弟弟们都害怕祸患牵连。公子纠逃亡鲁国，管仲、召忽辅佐他，公子小白逃亡莒国，鲍叔牙辅佐他。

后来，公孙无知弑杀齐襄公，自立为齐君。不久公孙无知也被杀，此时齐国出现了权力真空。

大臣们商议重新拥立国君。高氏、国氏这两位权臣，想要抢先暗中从莒国把公子小白迎接回国。而鲁国国君闻知公孙无知已死，也派兵护送公子纠返回齐国继位，同时命管仲另带军队挡住莒国通道，以拦截小白。在拦截公子小白的战斗中，管仲射中了小白衣带钩，小白便装死，以迷惑管仲。管仲误以为小白已死，派人加急报告给鲁国。鲁国护送公子纠的部队速度因此放慢了，行进了六天才到达齐国。

此时，小白早已经抢先入主齐国，被立为齐国新君，也就是齐桓公。

这年秋天，齐桓公派兵征伐鲁国，由头是报鲁国干涉内政之仇。鲁兵败逃，齐兵又切断鲁兵的退路。

桓公本想继续派兵攻鲁，杀死管仲。鲍叔牙却说："如果您想成就霸业，没有管仲不行。管仲这个大才，在哪个国家，哪个国家就会变得强大。"

于是，齐桓公就假装要从鲁国召回管仲报一箭之仇，写信给鲁国说："公子纠是我兄弟，我不忍亲自动手杀他，请鲁国替我处理这件事吧。召忽、管仲是我仇敌，我要求把他们活着交给我，我要亲自杀了他们。"

鲁国自知理亏，又害怕齐国再来讨伐，就杀死了公子纠，召忽也随即自杀殉死。

但管仲心里已经猜透桓公用意，要求鲁国将自己囚禁起来，送交齐国。

管仲到了齐国后，齐桓公并没有记恨一箭之仇，反而重用管仲为相。为了让管仲充分发挥才能，还破格提拔管仲为上卿，尊之为仲父。随后，管仲重新组织打造了一支强有力的队伍。七年后，在管仲的辅佐下，齐桓公成为诸侯的霸主。

管仲这个人，私德有瑕，比如，经常占自己好朋友鲍叔牙的便宜，而且，管仲、召忽共同辅佐公子纠，召忽为公子纠殉身，相对而言，管仲就是不忠。所以，后世儒家有很多人对管仲评价不高。

《论语·宪问》中，子贡和子路哥俩向孔夫子请教的正是这段公案：

子路曰："桓公杀公子纠，召忽死之，管仲不死。"曰："未仁乎？"子曰："桓公九合诸侯，不以兵车，管仲之力也。如其仁，如其仁。"

试译：

子路说："齐桓公杀了他哥哥公子纠，召忽因此自杀，但管仲却活着。接着又说："管仲不能算是仁人吧？"孔子却说："齐桓公能够多次会合诸侯，但并不是凭借武力（而是凭借"尊王攘夷"的感召力），这一切都是管仲的力量。这就是他的仁德啊，这就是他的仁德啊。"

孔子是绝不肯以"仁"这个字评价某个人的。但孔子却对管仲推崇有加，甚至不惜说管仲算得上"仁人"。这其中的原因是什么呢？

"管仲改革"之后，齐国国力大增。有了雄厚的物质基础和军事实力，齐桓公走上了争霸之路，他打出的旗号是"尊王攘夷"。

"尊王"，就是重新强调和尊崇周天子的权威地位，这样做其实是为齐国称霸寻找合法借口，达到"挟天子以令诸侯"的效果。"攘夷"，就是号召各诸侯国共同抵抗夷狄的入侵。

诸侯国之间虽然也打仗，但当时，夷狄才是最大的敌人。毕竟诸侯国之间有共同的文化，况且有些诸侯国还有联姻。所以，团结起来对付夷狄，让齐桓公占据了道义上的制高点。

齐桓公北抗狄，南伐楚，攘外安内，保住了中原地区的文明成果，其历史功绩是不可泯灭的。因此，孔子才说："管仲辅佐齐桓公，称霸诸侯，一匡天下，人民到今天仍然受其恩惠。"

公元前651年，齐桓公召集各路诸侯会于葵丘（今河南省民权县城东17公里）。齐桓公虽然是兵强马壮，却还能遵守周礼，对周天子十分尊重。也就是这次会盟，使其霸业达到了巅峰。

孔子之所以称管仲为"仁"，是因为孔子很重视"事功"，也就是对国家的功绩、功劳。在孔子看来，相较于管仲的"事功"，他的那些私德、小过，可以忽略不计了。

朱熹认为："夫子之于管仲，大其功而小其器。邵康节亦谓五霸者，功之首，罪之魁也。知此者，可与论桓公、管仲之事矣。夫子言'如其仁'者，以当时王者不作，中国衰，夷狄横，诸侯之功未有如管仲者，故许其有仁者之功，亦彼善于此而已。"

欲洁其身而乱大伦

在《论语·微子》中记录了这样一则故事：

子路从而后，遇丈人，以杖荷蓧。子路问曰“子见夫子乎？”丈人曰：“四体不勤，五谷不分。孰为夫子？”植其杖而芸。子路拱而立。止子路宿，杀鸡为黍而食之，见其二子焉。

明日，子路行以告。子曰：“隐者也。”使子路反见之。至，则行矣。子路曰：“不仕无义。长幼之节，不可废也；君臣之义，如之何其废之？欲洁其身，而乱大伦。君子之仕也，行其义也。道之不行，已知之矣。”

试译：

有一次，子路跟随孔子周游列国时掉队了，他遇上一位老农，用木杖挑着锄草的农具。

子路见到这个老农，就问：“您看见我老师了吗？”

老人没好气地说：“四肢不劳动，五谷分不清。谁是你老师啊？”说完，扶着木杖去锄草了。

子路听到这种指责，态度温和，拱手站在一旁。子路的反应，让老人大为感动。

就留子路在他家住宿，还杀鸡、做饭给子路吃，并让自己的两个儿子出来拜见子路。

第二天，子路追上了老师，并把这件事告诉了孔子。

孔子说：“这老农是一位隐士啊。”他让子路回去再看看老农，向他继续讨教。

于是，子路又到了那里，但是，老农却走开了，不愿意再见子路。

子路回来的时候就说：“不做官是不对的。（你让孩子见我，说明你认可）长幼之间的礼节不可废弃，（那么，）君臣之间的关系，怎么能不管呢？您想洁身自好，却不知道这样隐居便是忽视了君臣间的必要关系。君子之所以要做官，是为了尽应尽之责。（至于）大道之不能行，早已经知道了。”

子路的这番话，虽然没有被那老翁听到，但蕴含其中的辩解艺术却很精妙。它相当于用家类比国，类比天下，从而收到了“以子之矛攻子之盾”的效果。

己所不欲，勿施于人

孔子曾经评价子贡是瑚琏之器。而在《论语·公冶长》里，子贡也表明了自己的志向：

子贡曰：“我不欲人之加诸我也，吾亦欲无加诸人。”子曰：“赐也，非尔所及也。”

试译：

子贡说：“我不愿别人欺侮我，我也不想把不合理的事加在别人身上。”孔子说：“赐呀，这不是你能做得到的。”

学者李零对这一章曾有过精彩的评论，他认为，第一句的“我不欲人之加诸我也”，这其实是就是“刚”。第二句的“吾亦欲无加诸人”，则是“恕”。

“刚”与“恕”，都是接近于“仁”的高尚道德。子贡反对强加于人：别人欺负我，不行；我欺负人，也不行。但孔子却说：“子贡，这可不是你能达到的。”

在孔子的道德谱系里，“仁”是极难达到的境界，连孔子本人都不敢说自己达到了“仁”的境界，所以，当子贡说出这个想法后，孔子直言相告。

孔子认为，这些其实已经超出了子贡的能力。但孔子对子贡的话又是很认同的，因为他自己也说过类似的话，就是“己所不欲，勿施于人”。

仲弓问仁。子曰：“出门如见大宾，使民如承大祭。己所不欲，勿施于人。在邦无怨，在家无怨。”仲弓曰：“雍虽不敏，请事斯语矣。”

试译：

仲弓问怎样做才是仁德。孔子说：“出门要像去接待贵宾一样恭敬，治理百姓要像承担重大祀典一样（严肃认真，小心谨慎）。自己不喜欢做的事，不要强加于别人。做到在诸侯的朝廷上不怨恨；不在诸侯的朝廷上也不怨恨。”仲弓说：“我虽迟钝，也要照着您的话去做。”

通俗理解就是，自己做不到，便不能要求别人去做到。自己不喜欢做的事，就不要强加给别人，这就是一种“仁”的特质。

在《论语·卫灵公》中，孔子再次说了这句话：

子贡问曰：“有一言而可以终身行之者乎？”子曰：“其恕乎！

己所不欲，勿施于人。”

试译：

子贡问道：“有没有一句话可以终身奉行的呢？”孔子回答说：“大概是‘恕’吧！自己不喜欢做的事，不要强加于别人。”

子贡的志向，体现了孔子“己所不欲，勿施于人”的“恕”之道，这其实也是一种“仁”的境界。

仁的难与易

孟武伯曾经向孔子征询人才——要他介绍学生。《论语·公冶长》中有这样的记载：

孟武伯问子路仁乎？子曰：“不知也。”又问。子曰：“由也，千乘之国，可使治其赋也，不知其仁也。”“求也何如？”子曰：“求也，千室之邑，百乘之家，可使为之宰也，不知其仁也。”“赤也何如？”子曰：“赤也，束带立于朝，可使与宾客言也，不知其仁也。”

试译：

孟武伯问孔子子路有没有仁德？

孔子说：“不知道。”

孟武伯又问一遍。孔子说：“仲由，如果是一个具备千辆兵车的大国，可以让他去负责兵役和军政。至于他有没有仁德，我就不知道了。”

（孟武伯）又问：“冉求怎么样？”

孔子说：“求呢，如果是一个千户规模的大邑，可以让他当县长；一个具备兵车百辆的大夫封地，可以让他当总管。至于他有没有仁德，我弄不清。”

孟武伯继续问：“公西赤又怎么样？”

孔子说：“赤呀，穿上礼服，站在朝廷上，可以让他接待宾客，负责交涉。至于他有没有仁德，我就不知道了。”

因为孔子追求的最高道德境界就是“仁”，所以孟武伯从孔子弟子中最出名的几人问起，问他们的修养有没有达到“仁”的最高境界。

孟武伯先问子路的修为有没有达到“仁”的境界，孔子表示不确定。孔子认为子路可以胜任千乘大国的统帅，具有卓越的军政管理才能，但尚未达到仁的境界。孔子认为冉有可以胜任“千室之邑”“百乘之家”的官。古代的“千室之邑”已经是很大的地方。“百乘之家”在古代宗法社会也是大家族，相当于很大的行政单位。但冉有也没有达到“仁”的境界。

孟武伯又问公西华怎么样，孔子认为公西华仪态、应变能力都非常好，学问也过得去，是一名很好的外交人才。但他也还是没有达到“仁”的境界。

足见孔子对于“仁”的要求，标准是十分苛刻的，几乎没有一个弟子可以达到这个标准。能够达到“仁”的标准的是颜回，但是其不幸短命，孔子才将道统传给了曾参。

《论语·里仁》中记载了孔子对“仁”的认识：

子曰：我未见好仁者，恶不仁者。好仁者，无以尚之；恶不仁者，其为仁矣，不使不仁者加乎其身。有能一日用其力于仁矣乎？我未见力不足者。盖有之矣，我未之见也。”

试译：

孔子说：“我没有见过爱好仁德的人和厌恶不仁德的人。爱好仁德的人，是不能再好的了；厌恶不仁德的人，他做出仁德的行为，不让不仁德的人影响自己。有谁能在某一天把自己的力量都用在仁德上吗？我还没有看见力量不够的。大概这样的人可能还是有的，只是我不曾见到罢了。”

“不使不仁者加乎其身”，意思是说，一个仁者看到一个不仁者，应该是同情他、怜悯他，想办法把他改变过来，这是真正仁者的用心。

这是孔子讲的忠恕之道，推己及人的写照。

“有能一日用其力于仁矣乎？”这是他假设的话，是说仁是很难的修养，人本来有爱人之心。正如幼童同情人家的时候特别多，后来渐渐长大了，内心也就越来越坚硬，仁心就不能够发挥。所以，孔子又认为，“仁”是人人可以做到的，但几乎没有人能在一天当中，用心处世，完全合于仁道。

关键是要立志达到“仁”的境界，不要说因力量小而达不到。但是孔子又补充道：“盖有之矣，我未之见也。”意思是“也许有力量不足而达不到的，但我从来没有看到过这种情形”。

如何达到博施济众的圣境

《论语·雍也》中有这样一段：

子贡曰："如有博施于民而能济众，何如？可谓仁乎？"

子曰："何事于仁！必也圣乎！尧舜其犹病诸！夫仁者，己欲立而立人，己欲达而达人。能近取譬，可谓仁之方也已。"

试译：

子贡说："如果一个人能广泛地施爱于人民，又能够帮助大家生活得很好，这人怎么样？可以说是仁德了吗？"

孔子说："哪里是仁德，一定是圣德了，尧舜都难以做到呢。至于仁人，就是自己要站得住，也要帮助别人一同站得住；自己要事事行得通，也要帮助别人事事行得通。能够就眼下的事实选择例子一步步去做，可以说这就是实践仁德的方法了。"

子贡本人财力雄厚，他就设想了一种理想的社会形态。子贡问孔子，能不能"博施济众"？就是无条件让大家都得到帮助和救济。

孔子并没有否定子贡的理想，只是说，这个标准太高了，这简直是圣德了！就算是尧和舜大概也会为这么高的标准而发愁。

孔子认为，尽管"博施济众"的理想难以实现，但可以先成为一个务实的"仁者"，也就是"己欲立而立人，己欲达而达人"。孔子的意思，是先成为仁人，再去追求"博施济众"的圣境。

第八章

简明扼要，一语中的

第八章

简明扼要，一语中的

简洁是智慧的灵魂。在《论语》中，孔子曾说："夫人不言，言必有中。"孔子这句话本来是表扬学生闵子骞的。

鲁国人要改建长府，这其实属于乱搞基建。这样盲目、重复建设的楼堂馆所，不但劳民伤财，也是滋生腐败的温床。

对此，闵子骞说："仍然按照老样子，那何必要改建呢？"

孔子说："此人不轻易开口，一开口就击中要害。"

可以看出，孔子所推崇的正是如此。一个人讲话，不说则已，一开口必要抓住重点。

名不正，则言不顺

公元前488年，孔子的部分门生都已在卫国做了官。在一帮弟子的要求下，孔子又返回了卫国。孔子刚到，子路就急切地向老师求教。《论语·子路》中记载了这段对话：

子路曰："卫君待子而为政，子将奚先？"子曰："必也正名乎！"子路曰："有是哉，子之迂也！奚其正？"子曰："野哉，由也！君子于其所不知，盖阙如也。名不正，则言不顺；言不顺，则事不成；事不成，则礼乐不兴；礼乐不兴，则刑罚不中；刑罚不中，则民无所错手足。故君子名之必可言也，言之必可行也。君子于其言，无所苟而已矣。”

试译：

子路问孔子道：“卫国国君正等着您去主持国政，您准备从哪一件事情入手呢？”

孔子说：“首先必须先纠正名分上的用词不当。”

子路说：“有这样做的吗？您这种想法未免太迂阔了。这又何必纠正呢？”

孔子说：“仲由，你怎么这么鲁莽呢！君子对于他所不知道的事情，总是采取存疑的态度，你怎么能乱说呢。如果名分不正，（道理）就说不通，（道理）说不通，事情就做不成，事情办不成，礼乐制度也就不能兴盛。礼乐制度不能兴盛，刑罚也就不会得当。刑罚不得当，百姓就会惶惶不安。所以，君子一定要定下一个名分，必须能够说得明白，说出来一定能够行得通。君子对于说话措词，一定要做到严肃认真，一丝不苟。”

这里必须交代的是，当时的卫国政局十分复杂。

公元前493年，卫灵公去世。照理本应由太子蒯聩继任君位，可是他却因不满其母南子的淫乱行为，谋杀未成而逃亡到国外。

卫灵公在世的时候，曾经想立公子郢为太子。卫灵公死后，南子遵照卫灵公的遗愿，说：“命令公子郢做太子，这是国君的命令。”

然而，公子郢却推辞说：“郢和别的儿子不一样，而且我伺候国君到死，如果有这话，我一定会听到。并且还有逃亡太子蒯聩的儿子辄在那里，我又怎敢即太子位。”

于是，南子只好拥立辄为国君，辄就是卫出公。

卫出公即位后，因为害怕父亲回国后与自己争夺君位，坚决拒绝让其父回国。蒯聩与卫出公，既不符合君臣名分，又不符合父子名分，因此，卫国朝野议论纷纷。但毕竟，辄能够继任君位，是受祖母南子之命，即使其父心有不满，也不影响其君位的正当性。

孔子洞察到，稳定卫国政局的头等大事，就是先解决卫出公君位的名分问题，以平息朝野。所以，当子路一提出这个问题，孔子就指出：“首先要端正名分！”

孔子认为，“正名”不但可以解决卫出公君位的正当性、合法性问题，还可以乘机维护周礼，推行“仁政德治”。

对于孔子提出的“正名”主张，子路却不以为然。他提出疑问。

子路认为卫出公继任君位并拒绝其父回国是无法自圆其说的，如果非要“正名”，就面临迎接蒯聩回国的问题。所以，子路认为孔子的这个观点太迂阔，不具备可行性。

孔子指出了子路的短视：“野哉由也！”，野字不能解释为鄙俗，根据孔安国的注解：“犹不达也”，不达就是对一件事没弄明白。紧接着，孔子开始讲“名不正”将会导致的必然恶果。

孔子从“名不正”说开去，引而申之，极而言之，层层剖析，揭示了政局恶化的趋势，论证了“正名”的重要性和紧迫性。孔子点拨子路，从逻辑上讲，是用了“归谬法”。也是较能体现孔子口才的较为著名的一段，其“名不正则言不顺”的精妙论断，被后人广为引用传颂。

如何成为一名合格的领导者

在《论语·为政》中，季康子向孔子请教为政之道，他希望百姓能够接受自己的统治，忠于自己且积极勤勉：

季康子问：“使民敬、忠以劝，如之何？”子曰：“临之以庄，则敬；孝慈，则忠；举善而教不能，则劝。”

试译：

季康子问：“要使百姓严肃认真、效忠与互相勉励，应该怎么做？”孔子说：“你对待他们的事情严肃认真，有发自内心的庄严情操，他们对你自然就恭敬了；你能够以孝慈之心教化百姓，百姓自然会对你尽忠；你提拔好人并且能够教导能力不足的人，百姓就会积极、勤勉起来。”

季家是鲁国的三大家族之一，后来鲁国就是亡在他们手里。季康子是当时鲁国炙手可热的权臣，他所提这几个大问题，不仅是季康子个人的疑问，也是所有领导者共同的困惑。

这些问题都问道了点子上，可以说，季康子问得好，孔子回答得更好。

俗话说得好：“你敬我一尺，我敬你一丈”，若想让别人敬你，首先你得尊敬别人才行。孔子告诉季康子，不要只是唱高调，其实没什么用，接近百姓时，要保持着庄重礼敬的态度，才会赢得人们的礼敬。要想让民众忠诚于自己，执政者最好的办法是推行以“孝慈”为起点的伦理与文化。

领导者都希望治下的民众能提振精神，勤勉工作。孔子认为，要选拔那些贤能的人为官，同时，要培训那些能力较差的人，就可能达到这个目的。

孔子对这几个问题的回答，都是开门见山，简明扼要，一针见血。

即使是在现代社会，孔子的观点也同样适用。领导者都希望下属们尊敬自己，团队有凝聚力，并保持较高的效能。身为领导者，不妨扪心自问，你给下属应有的尊敬了吗？公司制度和文化做到以人为本，让员工有归属感了吗？公司的绩效考核体系做到公平公正了吗？

孔子八个字，令齐王拍案叫绝

《论语·颜渊》中有这样一段话，记载了齐景公向孔子问政：

齐景公问政于孔子。孔子对曰：君君，臣臣，父父，子子。公曰："善哉！信如君不君，臣不臣，父不父，子不子，虽有粟，吾得而食诸？"

试译：

齐景公问孔子如何治理国家。孔子回答说："做君主的要像君的样子，做臣子的要像臣的样子，当爹的要当爹的样子，做儿子的要有做儿子的样子。"齐景公说："对呀！如果君不像君、臣不像臣、父不像父、子不像子，即使有很多粮食，我能吃什么呢？"

"君君，臣臣，父父，子子。"这八个字极其普通，为什么收到了如此好的谈话效果呢？这是因为，孔子在和齐景公谈话之前，做足了功课，深谙齐景公的心理。

齐景公姜姓，是齐灵公之子、齐庄公之弟，春秋时期齐国君主。景公其实并非齐灵公的嫡长子，之所以能够成为齐国的君主，全是因为齐庄公。

崔杼是齐国的大臣，曾经拥立齐庄公登上君主的位置。当时，崔杼看上了齐国棠公妻子棠姜的美艳，民间说法棠姜克夫，克死了棠大夫。棠公死后，崔杼便去做她的哥哥——东郭偃的思想工作。在东郭偃的撮合下，两人很快就结了婚。

齐庄公也听闻棠姜的美貌，垂涎已久。一天，齐庄公来到崔杼家饮酒，期间，齐庄公要求崔杼夫人出来敬酒。崔杼无奈，只好答应。从此以后，齐庄公就经常去崔家串门。为便于行事，有意给崔杼安排外出，以便有机会和崔夫人单独相处。齐庄公和妻子私通，崔杼也是知道的，但是碍于齐庄公是君主，他只能选择隐忍。

虽然说齐庄公是崔杼拥立的，但是齐庄公对崔杼十分不屑。齐庄公看中的崔杼的东西，就会直接拿走，随后赏给其他人。有一次，齐庄公高兴之余竟将崔杼的一顶绿帽子赏与下人。风言风语终于让丑事败露，为了雪耻泄愤，崔杼精心设了一个圈套，准备弑君。

这年五月，莒国国君前来朝拜，齐庄公设宴款待。崔杼以生病为由未曾参加。宴会结束后，齐庄公便轻车简从，前往崔府找崔夫人约会。到了崔府，才发现甚是安静，以为崔杼真的病倒了。于是，肆无忌惮地和崔夫人调笑。崔夫人陪了齐庄公一会，便找借口离开了。齐庄公心情愉悦便环绕着柱子唱起了情歌，不一会，埋伏好的杀手从角落里迅速冲了出来，围向了齐庄公。

被困屋内的齐庄公喊话道："我是你们的王。"

外面的武士回应道："我们只知道来擒拿淫贼，不知道有什么王。"

齐庄公又爬上高台向外面喊话请求和解，没有获得允许；又对天发誓，自己会断绝与棠姜的关系，绝不再乱来，仍然不允许；要求到祖庙自杀，还是不答应。齐庄公想翻墙逃，最后被乱刀砍死了。

接着，崔杼为了保全家族，就拥立齐庄公的幼弟杵臼为国君，也就是这位齐景公。这位景公形同傀儡，战战兢兢，唯命是从。

孔子说的"君君，臣臣，父父，子子"这八个字，可以说一语中的，具有极强的针对性。

齐景公当政之后，崔氏、庆氏都曾先后控制齐国政权。齐景公共在位58年，他的大臣也有相国晏婴这样的能臣。

在齐景公问政孔子之际，齐国国政也被田氏、国氏等权臣所把持，真的是"君不像君，臣不像臣"。齐景公虽然贪图享乐，但也有恢复齐桓公荣耀的宏图大志。作为君主，孔子的话让他感同身受，将孔子引为知己。

孔子被鲁哀公引为知己

孔子与各国君主讲话，特别诚恳又不失礼节。在《论语·为政》中，鲁哀公问孔子：“何为则民服?”

孔子对曰：“举直错诸枉，则民服”。意思是把正直贤能的人提拔起来，把邪恶奸佞的人弃之不用，老百姓自然就会服从了。

鲁哀公姓姬名蒋，“哀”是其谥号。鲁哀公是孔子父母之邦的君侯，孔子对鲁哀公是很虔敬的。孔子给出了一个简单有效的原则：举直，就是提拔直心直道而行的人，包括圣贤、忠诚、有才能的人。“错诸枉”就是把邪恶的人放到一边。这个“服”字，含义可说是服从，也可以理解为不敢造反。

可能正是孔子这种一语中的的语言风格，赢得了鲁哀公的信任。据《荀子》记载，鲁哀公后来又咨询了孔子一个很私人的问题：

> “寡人生于深宫之中，长于妇人之手。寡人未尝知哀也，未尝知忧也，未尝知劳也，未尝知惧也，未尝知危也。”

鲁哀公这话的意思是，我知道自己性格软弱的原因，该怎么补救?

孔子诚惶诚恐地回答：“君之所问，圣君之问也。我孔丘只是一个小人物，有什么资格对您评头论足啊?”

鲁哀公诚恳地说：“除了先生您，我还能问谁呢?”

于是，孔子就向鲁哀公这样说道：“您到祖庙祭祀，看到先王所使用的物品尚在，而他们的人已经不在这个世界了，这样不就可以“思哀”了吗？您在处理政务，当一件事情没处理好，祸乱就有了开端，如此用心，就是“思忧”；您在朝堂上听政，大臣们听从您的调遣，您由此即可“思劳”；您若走出国门，看到前朝败亡所留下的废墟，这就是“思惧”；国君是船，百姓是水，想到“水能载舟，亦能覆舟”，这就是“思危”。”

孔子不愧是语言大师，他通过日常生活中的具体情景，向鲁哀公阐明了该如何“思哀”“思忧”“思劳”“思惧”“思危”。

孔子去世的时候，鲁哀公亲自发表了悼念孔子的文章：“为什么苍天不能对我好一点，为我留一位智者在身边，让我做一个好国君，保我的国家百姓平安。现在，我一个人孤苦无依，忧愁万分。呜呼哀哉！失去了仲尼先生，我都没有效法、学习的对象了。”

县官不如现管吗

俗话说，“县官不如现管”。孔子是如何应对这个问题的呢？在《论语·八佾》中，有这样一段对话：

王孙贾问曰：“与其媚于奥，宁媚于灶，何谓也？”子曰：“不然；获罪于天，无所祷也。”

试译：

王孙贾问道：“（人们都说）‘与其敬拜奥神，不如敬拜灶神’。这话是什么意思？”孔子说：“不是这样的；如果得罪了上天，祈祷也没什么用了。”

“与其敬拜奥神，不如敬拜灶神”是当时流行的一个俗语，用现在的话讲，就是“县官不如现管”。

奥神类似乡村的土地庙，管一村事务，需要由村里的乡贤带领大家祭祀。灶神是最小的神，管一家的事务。

祭灶是一项在汉族民间影响很大、流传极广的传统习俗 。民间祭灶，源于古人拜火习俗。传说，每年的腊月廿四日，灶神就会离开人间，向玉帝禀报这家人这一年来所作所为，所以，腊月廿四日又称“辞灶”，家家户户要“送灶神”。

送灶神的供品，多是汤圆、麦芽糖等粘牙的食物，寓意堵住灶神的嘴巴，让他回天上时多说些好话，所谓“吃甜甜，说好话”。小孩子们非常高兴，口袋里就可装祭灶的麦芽糖了。

王孙贾的话其实是在暗示孔子，自己在卫国掌有实权，讨好他是一个获得重用的捷径。就算你能够与国君往来，但如果缺了我们这些实权派的帮衬，也是没有用的。你拜访了诸侯，照样还得来我这里烧高香。

这一次，孔子的回答却是“正面刚”，等于答复王孙贾说，这些我全知道，我只是不屑于如此罢了。

尊五美，摒四恶

孔子的很多弟子，后来都做了官，他们也经常向孔子请教为政的方法和道理。在《论语·尧曰》中，孔子提出了“尊五美，摒四恶”的为政原则：

> 子张问于孔子曰：“何如斯可以从政矣？”子曰：“尊五美，屏四恶，斯可以从政矣。”子张曰：“何谓五美？”子曰：“君子惠而不费，劳而不怨，欲而不贪，泰而不骄，威而不猛。”子张曰：“何谓惠而不费？”子曰：“因民之所利而利之，斯不亦惠而不费乎？择可劳而劳之，又谁怨？欲仁而得仁，又焉贪？君子无众寡，无小大，无敢慢，斯不亦泰而不骄乎？君子正其衣冠，尊其瞻视，俨然人望而畏之，斯不亦威而不猛乎？”子张曰：“何谓四恶？”子曰：“不教而杀谓之虐；不戒视成谓之暴；慢令致期谓之贼；犹之与人也，出纳之吝谓之有司。”

试译：

子张向孔子问道："怎样才可以治理政事呢？"孔子说："推崇五种美德，摒弃四种恶政，就可以处理政务了。"

子张说："什么是五种美德？"

孔子说："君子要使百姓得到好处，自己却无所耗费；使百姓劳作却无怨言；自己欲仁欲义，却不贪；泰然自处却不骄傲，庄严而不凶猛。"

子张说："使百姓得到好处，自己却无所耗费，该怎么做呢？"

孔子说："顺着百姓去做对他们有利的事，帮助他们去实现和争取自己的利益，这不就是给百姓以好处而自己却无所耗费吗？选择百姓适合劳动的时机去劳动百姓，又有谁会怨恨呢？想要仁德便得到了仁德，还贪求什么呢？无论人多人少，无论势力大小，君子都不怠慢他们，这不就是泰然自处却不骄傲吗？君子衣冠整齐，目不斜视，庄严地让人望而敬畏，这不就是有威严却不凶猛吗？

子张说："什么是四种恶政？"

孔子说："事先不进行教育，（犯了错）就杀，这叫虐；平时不加申诫，到时候要求出成果，这叫暴；起初懈怠，又突然限定期限，这叫贼；同样是给人以财物，拿出手时显得很吝啬，这叫小家子气。"

孔子的这些话，没有一句空洞的废话，都是基于"仁"的理念，主张施行仁政。具体而言，"五美"就是：

1.惠而不费。统治者和老百姓的利益博弈，并不是零和游戏，很多时候，双赢的局面是可以达到的。这样做既能使百姓富裕，又不至于太消耗财政。

2.劳而不怨。指使百姓去做事，不要太耗费民力，同时要能给百姓带来切身利益，这样就不会有怨言。

3.欲而不贪。要承认欲望的客观存在，可以因着人的正当欲望因势利导，但不要鼓吹这种欲望，更不能使其演变成过度的贪欲。

4.泰而不骄。对人要满怀敬意，不要盛气凌人。

5.威而不猛。执政者一定要有威仪，但要不怒自威，“正其衣冠，尊其瞻视”，威仪自然就有了。

同时还要摒弃四种恶政：

1.不教而杀。平时没有好好去教化下面的人，莫名其妙地被杀，这种恶政叫作虐。

2.不戒视成。想要实现某些目标、追求某些成果，但平时不提醒与督促，这叫残暴。

3.慢令致期。平时布置任务时，并没有强调工作的进度与紧迫性，某天又突然宣布限期完成，而且期限很短。这种行为称为贼。

4.出纳之吝。许诺给人某种奖赏和激励，到兑现的时候却又舍不得，这是一种失信的表现。

不要虚度人生

《诗》曰：“夙兴夜寐，无忝尔所生。”意思是说早晨起来，晚上睡下，要经常扪心自问：你的父母把你带来世间，你是否对得起你的生命？你的生命是有意义的还是无意义的？如何才能不虚度一生？

在《论语·卫灵公》中，孔子一针见血地指出，什么样的生命形态是虚度人生：

子曰：“群居终日，言不及义，好行小慧，难矣哉！”

试译：

孔子说："大家整天聚在一起，不说一句有道理的话，只喜欢玩弄小聪明，这样的人难有成就，很难教导。"

日本有一位著名的"儒商"名叫涩泽荣一，他主张用《论语》的思想指导经商。既讲精打细算的赚钱之术，也讲儒家的忠恕之道。涩泽荣一说："算盘要靠《论语》来拨动，同时《论语》也要靠算盘才能从事真正的致富活动。"

涩泽荣一基于自己的商业心得，提出了"士魂商才"这个概念。也就是，不仅要拥有"商"的才干，还要具有"士"的理想与操守。

他在《论语与算盘》这部书中，通过自己经商的阅历，对"小慧"概念加以阐释。他认为，离开道德约束的商业人才，就是那种偏爱欺瞒、浮华、轻佻的商才，虽然有一些小聪明，但绝不是真正的人才。这其实就是一种"小慧"。"小慧"对他人、对社会都不会有益处，也很难有大成就。因为"所谓商才，本来也是要以道德为根基的"。而《论语》，对培养"士魂"具有根本性的指导意义。

践行孝道的切入点

孝行具有巨大的能量，它是培养仁德的一个方法。如何践行孝道？在《论语·里仁》中，孔子给出了一个极其简单的建议，作为行孝的切入点：

子曰："父母之年，不可不知也。一则以喜，一则以惧。"

试译：

孔子说："父母的年龄，不可以不知道。一方面，我们可因其长寿而高兴，另一方面，又因其年迈而有所恐惧。"

父母的年龄、生日、健康状况如何？这些问题，恐怕不是每个人都能回答上来的。

记住父母的年龄和生日，这是践行孝道的一个具体切入点。就像孔子说的，“一则以喜，一则以惧”。

为父母过生日，办寿宴，可以享天伦之乐。同时也能警醒我们，陪伴在父母跟前的日子越来越少了。

汉代刘向的《说苑·敬慎》中记载有这样一个故事。有一次，孔子师徒去齐国办事，途中听到有人哭得十分悲戚。

孔子对弟子们说：“这哭声如此悲伤，但又不像办丧事时那种悲伤的哭声。”

赶车子继续向前走，孔子终于看到了那个人。此人70来岁，怀里抱着镰刀，头上绑着白色的带子。

孔子下车问道：“您是什么人，为什么如此悲伤？”

那人回答：“我叫丘吾子。我这一生，有无法弥补的三大遗憾。”

孔子便问：“您有哪三个无法弥补的遗憾，希望您能直言相告。”

丘吾子悲痛地说：“我年轻时喜欢求学，到处寻师访友，周游各国，回来后，我的父母却已经死了，这是我的第一大遗憾；我长期服务于齐国君王，但君王却骄傲奢侈，丧失民心，使我的志向不能得到实现，这是我的第二大遗憾；我生平很重视友情，到头来，故人们离散的离散，死亡的死亡，这是我的第三大遗憾。”

接着，丘吾子又仰天长啸：“夫树欲静而风不停，子欲养而亲不待。过去了永远不会再回来的，是时间啊；我再也不能见到的，是父母啊！就让我从此离开这个人世吧！”不久，丘吾子便离世了。

孔子对弟子感慨道：“我们应当记着这件事，做儿女的，要引以为戒啊！”

经历了这件事后，孔子的弟子中离开孔子而回家奉养父母的达13个之多。孔子3岁丧父，17岁时又丧母，却能说出如此贴切子女之心的话，可见他的通感能力的确过人。

如何成为“闻人”和“达人”

在《论语·学而》里，孔子的学生子禽对孔子获取信息的能力感到迷惑，就悄悄问子贡。子贡是孔子弟子中最出色的人物之一，他的回答很巧妙：

子禽问于子贡曰：“夫子至于是邦也，必闻其政，求之与？抑与之与？”

子贡曰：“夫子温、良、恭、俭、让以得之。夫子之求之也，其诸异乎人之求之与？”

试译：

子禽问子贡：“我们的老师每到一个国家，必能了解那个国家的政事，那是求人告诉他的呢，还是人家主动讲给他听的呢？”

子贡告诉师弟：“他老人家是靠着温和、良善、恭敬、节俭、谦逊这些品格而获得这些消息的。他老人家获得信息的方法，和别人不一样吧？”

西谚云：“上帝给了我们两只耳朵，一个嘴巴，就是让我们多听少说。”比起自顾自的谈话，我们获取信息的方法和态度，也是非常重要的。

同时，提问也讲方式方法，孔子很善于提问，诱导对方说出对问题的理解，以便更好地把握其谈话意图。《论语·颜渊》中记载了子张与孔子的一段对话：

子张问：“士何如斯可谓之达矣？”子曰：“何哉，尔所谓达者？”子张对曰：“在邦必闻，在家必闻。”子曰：“是闻也，非达也。夫达也者，质直而好义，察言而观色，虑以下人。在邦必达，在家必达。夫闻也者，色取仁而行违，居之不疑。在邦必闻，在家必闻。”

试译：

子张问：“读书人要怎么样才可说是达了？”

孔子说：“你所说的达，指的是什么呢？”

子张回答说：“做国家的官时有一定名望，在士大夫家做家臣时有一定名望。”

孔子说：“这个叫闻，而不是达。真正达的人，本质正直，遇事讲理，善于体会别人的话语，善于观察别人讲话的脸色，懂得谦恭待人。这样的人，在做国家的官一定达，在大夫的封地做家臣也一定通达。至于闻，表面上爱好仁德而行动上却相反，以仁人自居而毫不迟疑。他们在诸侯的国家一定虚有其名，在大夫的封地也一定虚有其名。”

师徒二人的这番对话所议论的中心，是辨析“达”与“闻”的基本含义。

“闻”有时候也可能是浪得虚名。“达人”是从品德到行为都可以取信于人的人。“达”的本质是“诚”，是指品德高尚，“达人”则是通情达理、睿智练达的人。

孔子敏锐地发现了问题，并帮助子张端正观念。孔子心目中的通达，是“质朴正直道义”。子张显然是把“闻”和“达”搞混了。

有名气的人叫做“闻人”，至于这名气是不是好的，是不是合乎仁德的，那是另一个问题。孔子区分“闻人”与“达人”，告诉子张若能做到“达”，那么必定能够实现“闻”；但是如果一味追求“闻”，就可能变成伪饰做作，成为沽名钓誉的小人。

第九章

孔子的洞见与预言

第九章

孔子的洞见与预言

孔子曾留下了大量“预言”式论断。结合其后事态的历史进展，这些论断大多成为“信而有征”的准确预言。

作为历史学家的孔子，具有敏锐的洞察力，所以，对未来的事件的发生，能够屡屡言中。时至今日，孔子的思想仍具有勘破重重迷雾的洞察力，有指向未来的引领性。

如何预言未来

古人以30年为一世，这是一个时间单位。又常以“十世”表示久远。有一次，子张向孔子问“礼”，是不是可以预言它在未来的演变？《论语·为政》中记载了这段对话：

> 子张问：“十世可知也？”子曰：“殷因于夏礼，所损益，可知也；周因于殷礼，所损益，可知也。其或继周者，虽百世，可知也。”

试译：

子张问到："今后十年的礼乐制度可以预先知道吗？"孔子说："殷商朝沿用的是夏朝的礼制，所增减的内容，可以知道；周朝沿用的是商朝的礼制，所增减的内容，也可以知道。那么，如果有继承周朝而当政的人，就算是百代以后，也是可以预先知道的。"

孔子以夏、商、周三朝为例，说殷商的文化，是沿袭了夏朝的文化，而夏朝原有的文化，有的减损了，有的增益了。但总体而言，是因袭于前朝。周朝文化又因袭了商朝的文化。这就是所谓的传统，在一个体系中渐变流传，而不是一定永远保留其"原教旨"的样子才叫传统。

孔子是东周时代的人，正如周朝的文化是商朝的文化演变而来，周朝的文化也是要经历演变的，对于这种文化演变的趋势，不要说下一代会变成什么样子，就是千百万年以后会变成什么样子，也大致可知。

子曰："温故而知新，可以为师矣。"

试译：

孔子说："温习旧知识，可以获得新的理解和体会，可以成为老师了。"

这句话出自《论语·为政》，其实，"知新"也可以帮助我们理解"温故"，了解当下，可以帮助我们理解历史。就像哲学家黑格尔所言："人类从历史上只学了一个教训，就是人类从历史里面没有学到任何教训。""温故而知新"就是，过去、现在，是可以互相注解、互相启示的。也就是所谓"前事不忘，后事之师"。

是可忍也，孰不可忍

鲁国的“三桓”，即鲁国的三大权臣家族。按理说，他们也属于鲁国宗室，他们的先祖，分别名叫：庆父、叔牙和季友，都是鲁桓公的儿子、鲁庄公的弟弟，号称“三桓”。

自鲁文公之后，“三桓”就在政治上互相支持，慢慢地，他们架空了鲁国国君，成了鲁国政权的实际掌控者。到鲁昭公时，“三桓”把持鲁国国政已达五世之久。

鲁昭公是春秋时期鲁国国君，他与孔子关系非常密切，曾派遣孔子到周朝的都城洛阳学习周礼（这正是历史上有名的孔子问礼老子），甚至孔子夫人生育小孩时，鲁昭公送了一条鲤鱼，孔子高兴之至，就为孩子取名为“孔鲤”。后来鲁昭公因为斗鸡和权臣季平子（季孙意如）闹翻了。季氏与大臣郈氏斗鸡，两个参赛者都“不讲武德”，季氏给自己的斗鸡穿上护甲，郈氏则为自己的斗鸡爪子上套上了利刃。季氏为了泄愤，就抢占了郈氏的土地，在上面建住宅。郈氏也因此更加怨恨季平子了。鲁昭公不小心介入了他们的争斗，最后被鲁国权臣季平子赶出了鲁国。

对于这一幕，孔子早有预料，《论语 · 八佾》中记载：

孔子谓季氏，“八佾舞于庭，是可忍也，孰不可忍也？”

试译：

孔子谈到季氏，说：“他在自家庭院奏乐舞蹈，所用的是天子仪仗的六十四人规格的舞蹈，这样的事他可以狠心做出来，还有什么出格的事情他不忍心做出来呢？”

八佾之舞，是古代宫庭乐舞的编制之一，是一种天子才可以用的“仪仗”。

春秋时期的中央政府是周王室，根据周朝的礼乐制度规定，只有天子可以用八佾，即舞队分八行，每行八人，共由六十四人组成。诸侯则用六佾，共四十八人；而卿大夫只能用四佾，共三十二人人；士则只能用二佾，即十六人。如果谁违反了这些礼乐制度规定，就是一种严重的僭越。

春秋时期，鲁国的季氏世代为卿，权力炙手可热，操纵着国家政权，国君实际上已在这个家族的控制之下。当时，季平子按规定只能用32人的乐舞队，可是他不但将规格超越了鲁国国君，甚至还自比天子。有一天，季平子在自家的庭院里演奏起了八佾之舞，连周天子都不放在眼里，何况鲁国国君呢?

有人把这事告诉孔子，孔子认为季平子践踏了周礼，就说："是可忍也，孰不可忍也。"

学界对孔子这句话有两种解释。

释义一：如果这个都可以忍耐，那还有什么不可以容忍的呢?

释义二：这都可以狠心做出来，什么事不可以狠心做出来呢?

第一种解释是，季氏行如此僭越之事，依然对其容忍而不加以制止，那么将来他做什么出格的事，才能不可忍而制止他?

另一种解释是，既然如此僭越之事，季氏都可以忍心为之，那么季氏也会忍心做出逐君、弑君之事的。季氏后来果然专权，联合其它权臣，逼迫鲁国君主出境。

对鲁哀公的预警

《论语·宪问》中记载孔子曾挺身而出，预警鲁哀公：

> 陈成子弑简公。孔子沐浴而朝，告于哀公曰："陈恒弑其君，请讨之。"公曰："告夫三子!"孔子曰："以吾从大夫之后，不敢不告也。君曰'告夫三子'者!"之三子告，不可。孔子曰："以吾从大夫之后，不敢不告也。"

试译：

齐国的陈成子杀了齐简公。孔子立即斋戒沐浴而后上朝去见鲁哀公，报告说："陈恒把他的君主杀了，请你出兵讨伐他。"

鲁哀公说："你去向季孙、叔孙、孟孙三人报告吧！"孔子退朝后说："因为我曾经做过大夫，所以不敢不来报告，但我们的国君却说'你去向那三人报告吧'！"

孔子去向那三位大夫报告，但他们也不愿派兵讨伐。孔子又说："因为我曾经做过大夫，所以不敢不报告呀！"

弑君是典型的"乱臣贼子"所为，"乱臣贼子"不受法律保护，"人人得而诛之"。陈成子把齐国的国君杀了，这就是历史上的"田氏代齐"。孔子认为，"陈恒弑其君，民之不与者半。以鲁之众，加齐之半，可克也"。意思是说，在齐国，不愿意依附陈恒的大约有一半人，这个时候，如果鲁国能出兵讨伐，鲁国是很有胜算的。

孔子的设想是，诛灭乱臣贼子，是一件能够占据道德制高点的事情，如果鲁国能牵头干涉齐国的政变，不仅能在诸侯国中树立威信，更能重新树立鲁国国君的权威，遏制"三桓"的势力。

然而，鲁哀公对此实在无能为力，只是敷衍孔子去"告夫三子"。让孔子与"三桓"商议讨伐齐国的叛乱，这不是与虎谋皮么？因为"三桓"与陈恒一样，都是乱臣贼子，一丘之貉。孔子已经洞察到了，"田氏代齐"这种事情如果不加以制止，未来的政治伦理更加不堪，就连鲁哀公也将被殃及，最终难以独善其身。

孔子食人俸禄，忠君之事，"不敢不告也"。在历史的关键节点，孔子挺身而出，奔走呼吁讨伐田氏，可以说已经尽心尽力。

有了"田氏代齐"的先例，鲁国的权臣更加嚣张跋扈。鲁哀公二十五年，这位弱君在宴会上实在忍无可忍，就面斥了季康子和孟武伯。鲁哀公二十七年，哀公才想起想借用其他诸侯的力量清除国内的乱臣贼子"三桓”；而“三桓”认为鲁哀公不自量力。于是，鲁国的政治矛盾公开化，君臣开始撕破脸。

然而，大多数诸侯也采取袖手旁观的策略。一次，鲁哀公出游，在孟孙氏门前遇到孟武伯，他试探地问：“我冒昧地问一句，我能得到善终吗?”

问了三次，孟武伯都不回答。鲁哀公感到形势不妙，就辗转流亡到越国。鲁哀公希望越国能帮助他讨伐国内的“三桓”势力，夺回君权。然而，越国却不愿意介入鲁国内政，鲁哀公只得继续流亡到卫国、邹国，希望诸侯施以援手，但至死都没能返回鲁国。

孔子如何择婿

孔子的父亲名叫叔梁纥，是一名武士。叔梁纥先是娶了鲁国施氏女子，生了九个女儿之后，叔梁纥的一位妾才生了一个儿子，即长子孟皮。但叔梁纥这个大儿子腿脚有毛病。因此，他在六十余岁时又娶了孔子的母亲颜徵在。终于生下了一个健全的二儿子仲尼，也就是日后被称为“圣人”的孔子。

孔子把自己的女儿嫁给了“有案底”的公冶长，却把侄女（孟皮之女）嫁给南容——南宫适（kuò）。

公冶长，传说能通鸟语。一日，公冶长在家中闲坐，因家贫而无吃食，正为食物发愁。忽然有一只乌鸦飞到他院子的树上叫道：“公冶长，公冶长，南山顶上有只大肥羊。你去背来，你吃肉，我吃肠。”公冶长听到鸟语，就跑到南山，果然在草丛中看到有一只被虎咬死的大肥羊。公冶长将羊背回家，一番烹煮后吃掉了。

后来，公冶长因为鸟语惹上官司。某日，公冶长看到一位老婆婆在哭儿子为什么没回来，他就忍不住告诉人家，鸟告诉我说，在山的那边有一具死尸，你去看看是不是你儿子。最终给自己找了麻烦，有了牢狱之灾。

但是孔子认为公冶长坐牢，纯属被冤枉，并把自己的女儿嫁给了他，公冶长就成了孔子的女婿，同时也是孔子的学生。后来，因为公冶长勤俭持家，人又聪颖，被列为七十二贤第二十位。

南容，即南宫适，字子容，又称南宫括，是孔子弟子。南容在一天之内，多次反复诵读《白圭》里的诗句。孔子断定他是值得托付的人，就把侄女嫁给了他。

《白圭》是指《诗经·大雅》里的诗句："白圭之玷，尚可磨也，斯兰之玷，不可为也。"意思是，白玉上有瑕疵尚可以磨掉，但我们言行中的瑕疵，却是无法挽回的。其含义是歌颂白璧无瑕的美德。品行的瑕疵，就是一生之累，所以要注意反省自己的言语和行为。南容反复诵读《白圭》，向往高洁的品性，再加上孔子平常对他考察，认为此人可以托付终身，才把侄女嫁给他。

《论语·公冶长》中有如下记载：

子谓南容，"邦有道，不废；邦无道，免于刑戮"。以其兄之子妻之。

试译：

孔子说南容，"国家政治清明，不被废弃；在国家政治混乱时，也不会被刑罚"。于是，孔子就把自己的侄女嫁给了他。

孔子认为南容很明智，国家有道，他能做官。国家无道，他能全身保命。也就是说，不论是身处治世还是乱世，南容都是一个不错的选择，所以孔子才将侄女托付给了他。后来的事实也证明，孔子没有看走眼，南容在孔子学生中德行很好。《论语》中关于南容的记载还有一处，在《论语·宪问》中：

南宫适问于孔子曰："羿善射，奡荡舟，俱不得其死然。禹稷躬稼而有天下。"夫子不答。南宫适出，子曰："君子哉若人！尚德哉若人!”

试译:

南宫适问孔子:“羿善于射箭,奡善于水战,但最终下场都是不得好死。禹和稷都亲自种田,反而却得到了天下,这要怎么解释呢?”孔子没有回答,南宫适出去后,孔子说:“这个人真是个君子啊,这个人,多么尊尚道德!”

孔子从南容的羿奡、禹稷之间,看出南容反对暴力,尚德不尚力。这其实也正体现了儒家所宣扬的“恃德者昌,恃力者亡”理念。

孔子对弟子命运的预言

《论语·述而》中有这样一段:

子谓颜渊曰:“用之则行,舍之则藏,惟我与尔有是夫!”

子路曰:“子行三军,则谁与?”

子曰:“暴虎冯河,死而无悔者,吾不与也。必也临事而惧,好谋而成者也。”

试译:

孔子对颜回说:“如果国家、社会用得到我,就出来服务;如果国家、社会不需要我,就归隐。只有我和你颜回两人才能这样吧!。

子路说:“你如果统帅三军,找谁共事?”

孔子说:“赤手空拳和老虎搏斗,不用船去渡河,这样死了都不会悔改的人，我是不会和他在一起共事的。我要找的共事者，一定是遇事小心谨慎，善于谋略而能完成任务的人。”

子路比颜回整整大了21岁，当他听到孔子夸赞颜回，心中难免有些不服气。

子路虽然学问不及颜回，但在军事上有特长，因此故意改变话题，想让老师夸夸自己。没想到孔子却说，我是不会和只知道使用蛮力，还不知道反思悔改的人在一起的。子路碰了一鼻子灰。

在《论语·先进》中，孔子预言了子路的命运，后来果然如孔子说的那样，子路战死于乱刃之下。

闵子侍侧，訚訚如也；子路，行行如也；冉有、子贡，侃侃如也。子乐。“若由也，不得其死然。”

试译：

闵子骞侍立在孔子身旁，恭敬正直的样子；子路是一副刚强的样子；冉有、子贡则不卑不亢，温和快乐的样子。孔子高兴起来了。孔子又说：“像仲由吧，只怕不得好死。”

孔子看子路刚强的样子，就判断子路的结局不会太妙。

当时卫国的政局非常混乱，卫灵公的太子蒯聩要杀卫灵公的宠妃南子，被逼逃走。卫灵公死后蒯聩的儿子继位，成了卫出公。而孔悝的母亲是蒯聩的姐姐，她希望弟弟回来推翻侄子做卫国国君，就让孔悝去杀自己的侄子卫出公。卫出公逃走，蒯聩回国做了国君。

这个时候，刚勇的子路要去见蒯聩，去指责他这种践踏政治伦理的行为。蒯聩手下的勇士石乞打落了子路的帽子，子路说：“君子死，冠不免”，便把帽子捡起来重新戴上，最终子路被蒯聩的手下砍成了肉酱。

在得知子路的死讯后，古稀之年的孔子又恸哭道：“天祝予，天祝予！”意思是，老天在诅咒我啊，天在诅咒我！

孔子是至圣先师，是先觉者（孟子语），知天命者（孔子自道），得天道者。在《孔子家语》里，孔子也预测了子贡和子夏的命运。

物以类聚，人以群分。通过一个人的交游情况，可以见微知著。卜商，字子夏，卫国人，少孔子44岁，是孔门四科十哲中“文学”科高足。子夏后来在魏国获得了“圣人”的高度评价。在孔子去世后，子夏任教于西河之上，一代雄主魏文侯以师礼事之，遂成为魏国治国理政的重要顾问。子贡身上具有强烈的功利主义色彩，此从其后来行谊履历中也可得到验证，子贡的心思不在学而在商。

政权更迭有周期

周幽王烽火戏诸侯之后，犬戎入侵，周幽王被杀，西周灭亡。原太子姬宜臼（周平王）继承王位。在遭遇犬戎入侵之后，原来的都城镐京因兵燹而残破不堪，周平王就在公元前770年迁都到了洛邑（洛阳），从此以后，就进入到了东周时代。这也是一个“礼崩乐坏”、群雄并起的时代，周朝中央政府逐步丧失了其“天下共主”的“天子”地位。

《论语·季氏》中有这样一段记载：

孔子曰：“天下有道，则礼乐征伐自天子出；天下无道，则礼乐征伐自诸侯出。自诸侯出，盖十世希不失矣；自大夫出，五世希不失矣；陪臣执国命，三世希不失矣。天下有道，则政不在大夫。天下有道，则庶人不议。”

试译：

孔子说："天下太平，礼乐制度和作战兵权都由天子作主决定；天下昏乱，礼乐制度和作战兵权由诸侯作主决定。由诸侯当国，大概传到十代，很少还能继续的；在诸侯国内，大夫掌权，传到五代，很少能继续的；陪臣控制国家政权，经过三代很少有不垮台的。天下太平，国家政权就不会落在大夫手中。天下太平，老百姓也就不会议论纷纷了。"

孔子指出，如果礼乐制度和作战兵权，都不是出自天子，而出自诸侯的意志，这其实已经是"天下无道"了，诸侯已经不再听从中央政府的命令了。

在一个变乱时代，诸侯专权的时候，最多十代。等而下之，像季氏这样的权臣把持国政，最多能维持五代，以孔子的祖国鲁国为例，本来鲁国应该是最讲究礼制的，因为鲁国是周公的封地，鲁国君主是周公之后。而周公是礼乐制度的制定者。后来，鲁隐公僭越了礼法，到鲁昭公被"三桓"赶走出奔流亡，从此国政不是由国君来掌控，而是由"三桓"掌控，果然到了五代也就垮台了。

更违礼，也是最危险的，就是"陪臣执国命"，那是讲权臣家的家臣，比如阳货，就是一位陪臣，这样的人把持国政，那么最多也就能传三代，能不垮台的也纯属侥幸。如果天下有道，就不会出现权臣秉国的现象，老百姓也就不会妄议朝政了。

孔子的这些话，是他基于对人性、对社会的洞察力，对历史演变所作出的预言。春秋以后的历史演变，正如孔子所说的一样。

祸起萧墙

《论语·季氏》中这样记载：

季氏将伐颛臾。冉有、季路见于孔子曰："季氏将有事于颛臾。"

孔子曰："求！无乃尔是过与？夫颛臾，昔者先王以为东蒙主，且在邦域之中矣，是社稷之臣也。何以伐为？"

冉有曰："夫子欲之，吾二臣者皆不欲也。"

孔子曰："求！周任有言曰：'陈力就列，不能者止。'危而不持，颠而不扶，则将焉用彼相矣？且尔言过矣。虎兕出于柙，龟玉毁于椟中，是谁之过与？"

冉有曰："今夫颛臾，固而近于费。今不取，后世必为子孙忧。"

孔子曰："求！君子疾夫舍曰欲之而必为之辞。丘也闻有国有家者，不患寡而患不均，不患贫而患不安。盖均无贫，和无寡，安无倾。夫如是，故远人不服，则修文德以来之。既来之，则安之。今由与求也，相夫子，远人不服、而不能来也；邦分崩离析、而不能守也：而谋动干戈于邦内。吾恐季孙之忧，不在颛臾，而在萧墙之内也。"

试译：

季孙氏将要攻打颛臾这个小国。冉有、季路拜见孔子说："季孙氏准备对颛臾采取军事行动了。"

孔子说："冉求！这难道不该责备你吗。从前，周天子把颛臾分封在那里，主要是为了祭祀蒙山，而且它地处鲁国境内，已经是鲁国的附属国，为什么非要讨伐它呢？"

冉有说："季孙非要这么干，我们两人本来是不同意的。"

孔子说："冉求！周任有句话说：'能施展才能贡献自己的力量就担任那职位，不能就不要担任那职务。'这就好比一个人遇到危险了，你却不去扶持，将要跌倒了，你却不去搀扶，那何必要当辅佐之人呢？你说错了，老虎和犀牛从笼子里跑出，龟甲和美玉在匣子里却被毁坏了，这究竟是谁的过失呢？"

冉有说："现在的颛臾，城墙坚固，而且离季氏的采邑费地很近。现在不把它占领，将来一定会给子孙后代留下祸患。"

孔子说："冉求！君子痛恨那种明明很贪得无厌，嘴上却找借口的人。我听说士大夫都有自己的封地，他们不怕财富不多而怕分配不均匀，不怕民众不多而怕不安定。财物分配公平合理，就没有贫穷；上下和睦，就不必担心人少；社会安定，国家就没有倾覆的危险。做到这样，原来的远方的人不归服，就再修仁义礼乐来使他归服；来了之后，就要使他安定下来。如今由与求两人辅佐季孙，远方的人不归服，却不能使他们归附；国家四分五裂而不能保持它的稳定统一；反而在境内策划兴起干戈，大动刀兵。我恐怕季孙氏的忧愁，并不在颛臾，而在鲁君啊。"

季氏伐颛臾一事，是在"陪臣执国政"的鲁国的特殊背景下发生的。"陪臣"指的是孟孙氏、叔孙氏、季孙氏三家。

季康子要讨伐的颛臾，本是周天子所分封的一个很小的国家，本不该讨伐。但季康子却视颛臾为眼中钉肉中刺，非要灭掉而后快，冉有也没办法阻止。

孔子与弟子展开了激烈的政治伦理辩论，孔子指出冉有只是在狡辩而已，还提出自己独到的政见："均无贫，和无寡，安无倾"。

孔子认为，子路、冉有这两个学生，在季家当家臣，却没能阻止季氏就要发起的内战，这是他们的失职行为。孔子认为季氏最大的忧患，不在颛臾这个附庸小邦，而是在“萧墙之内”，也就是在季家自己兄弟手足之间。果不其然，在孔子说出这话不久，季家兄弟果然发生了严重的内部矛盾。后人据此典故概括出成语“祸起萧墙”。

孔子最忍无可忍的是，季康子家族本来已经很富了，可是自己的弟子冉有还帮助季康子敛财，真可谓“损不足以奉有余”。孔子对此甚为反感，再也抑制不住怒火，说：“非吾徒也，小子鸣鼓而攻之，可也。”意思是，冉有不是我的学生，徒弟们，你们可以大张旗鼓地去讨伐他。这已经有将冉有逐出师门，断绝师徒关系之意了。

第十章 夫子自道

第十章

夫子自道

在《论语·宪问》里记载了孔子对于“君子”的自我认识：

子曰：“君子道者三，我无能焉；仁者不忧，智者不惑，勇者不惧。”

试译：

孔子说：“君子所循的三个方面，我尚未做到：仁德的人不忧愁，睿智的人不迷惑，勇毅的人不畏惧。”

孔子认为，一个人要达成完美的人格修养，仁德、智慧、勇气是最重要的三个方面，缺一不可。孔子的一生，也是践行这一信条的一生。

谦虚的圣哲

在中国文化里，做人的最高标准，就是“圣”。然后才是“仁”。

“圣”字在甲骨文里已经出现了，其字形是在人形上加耳，含义接近于“聪”，引申义为精通某种学问或技艺并有极高成就的人。被尊为“亚圣”的孟子也曾经给“圣”下过一个定义，叫“大而化之谓圣”。就是把能让大道推行，感化万物的人叫“圣人”。

“仁”的本义是对人友善、相亲，正所谓“仁者爱人”，指的是人与人之间相互亲爱的关系，是一种慈悲、恻隐之心。这就是圣人和仁人的不同标准。

《论语·述而》中有这样一段孔子自谦的话：

子曰：“若圣与仁，则吾岂敢？抑为之不厌，诲人不倦，则可谓云尔已矣。”公西华曰：“正唯弟子不能学也！”

试译：

孔子说：“如果说到圣与仁，那我又怎么敢当！不过，（向圣与仁的方向）努力而不感厌烦，教诲学生从不知道疲倦，就是如此罢了。”公西华说：“这正是我们所学不到的啊。”

这是孔子自谦的说法，孔子不是死后才被尊为圣人，而是当时已经被尊为“天纵之圣”了。然而，对于这种无上的赞誉，他却很清醒。

孔子所说的话不仅仅是一种谦逊的姿态。他内心不追逐浮名，只是不断地遵循圣人的轨迹前进，完全依照圣人的教诲来落实，他一生的追求只是圣人和仁人的心性。虽然如此，孔子仍谦虚地说，我虽不是圣人、不是仁者，但一辈子总是尽力而行。至于学问方面，我永远前进努力，没有厌倦、满足的时候；我教别人，同样没有感觉到厌倦的时候，只要有人肯来学，我总是教他的。只有这两点，我可以说是做到了。

公西华听出这是老师的自谦之词。于是就对孔子说：“老师，这正是我们做学生的一辈子也无法学到的地方啊。”

发愤忘食，乐以忘忧

叶公，本名沈诸梁，因所封之处叫“叶”，即今河南平顶山市叶县。所以，人称“叶公”。

叶公喜欢龙。在家里到处画的雕的都是龙，他每天一有空闲就画画、写字，画的是龙，写的也是龙。他连给儿女取名，也都带“龙”字。传闻，天界的真龙得知人间有这样一个好龙成癖的人，被感动了。但当真龙来现身时，他却被吓得魂飞魄散而死了。

所以，孔子的弟子子张曾经评价叶公说：这位叶公并不爱真正的龙，他只是爱像龙一样的东西罢了。

《论语·述而》中记载了叶公与子路的一段对话：

叶公问孔子于子路，子路不对。子曰：“女奚不曰，其为人也，发愤忘食，乐以忘忧，不知老之将至，云尔。”

试译：

叶公向子路打听孔子是一个什么样的人，子路不回答。孔子（得知后，对子路）说：“你为什么不这样说：他这个人，用功时便忘记吃饭，快乐时把一切忧虑都忘了，连衰老将要到来了都不知道，如此而已。”

子路的不答复，其实也是一种比较高明的策略，因为站在子路的立场，他实在不便多说什么。同时，孔子这样伟大的人，真的让人不知从何说起。更何况，道不同不相为谋，即便是说了，像叶公这种“好龙”之人，也未必会真的理解孔子。

不久，叶公招待孔子的时候，就向孔子炫耀，说在他的治理之下，叶这个地方出了一个非常正直的人，他向官府检举自己的父亲偷了羊，并没有顾念亲人的私情。叶公得意洋洋地想要孔子对自己表示钦佩，万万没想到孔子却向他泼冷水："党之直者异于是，父为子隐，子为父隐，直在其中矣。"孔子说，我们老家那里有不一样的正直，"父为子隐，子为父隐"，正直就在其中啊。

叶公秉持的是法家思想，认为"亲亲相隐"是腐败的根源；而孔子遵循的是儒家思想，认为"孝悌"是伦常的基础。两个人的逻辑判断与价值取向有明显的分歧。

吾从周，吾从先进

孔子认为，礼是延续的，且随时代的变化而有所损益，礼本身是积累进化的。在《论语·八佾》中，孔子表达了这一观点：

子曰："周监于二代，郁郁乎文哉！吾从周。"

试译：

孔子说："周代继承夏、商两个朝代的文明成果，礼乐制度是多么繁荣、多彩呀。我主张周朝的制度。"

孔了曾经对夏、商、周三代的历史、文化、礼仪、制度都有深入研究。夏尚忠，殷尚质（鬼），周尚文。正如意大利历史哲学家克罗齐所言："一切真历史都是当代史"。历史是绵延不断的，一些事情会以相同的"韵脚"，以新的形式再次出现。王朝更迭，必然会有文化的沿袭、继承和扬弃。"周监于二代"，其礼仪制度借鉴了夏、商二代，周朝的礼乐制度，堪称集上古之大成。因此，孔子标榜自己遵从周朝的制度。他所推崇的文化思想，是承前启后，发扬周代的文化精神。

在《论语·先进》中，孔子进一步表达了这一观点：

子曰："先进于礼乐，野人也；后进于礼乐，君子也。如用之，则吾从先进。"

试译：

孔子说："先学习礼乐而后做官的是未曾有过爵禄的人，先有了官位而后学习礼乐的是卿大夫的子弟。如果要我选用人才，我主张选用先学习礼乐的人。

先进，其含义是"士"。先辈对礼乐文化，可以说是"野人也"。先辈是从朴野的生活，慢慢演进，才有形成了文化。后进，也就是我们后辈，是一出生就有了文化，就接受了文化的熏陶，很有学问，这种人的可谓是"君子"。

然而，"如用之，则吾从先进。"孔子的意思是说，但论到真正实用，先辈那种从朴野到文明的体悟，可能远比后辈深刻，所以，"吾从先进"。人类的文明，譬如礼乐，是社会实践的产物。"君子"难以真正理解"野人"为什么要建立这种文化、礼仪。这是因为，这些后辈的"君子"虽然受这些知识的熏陶，有时候过分雕凿，反而失去了某种活力，失去了对人性本质的洞察力。

岁寒，然后知松柏之后凋

在《论语·子罕》中，孔子说："岁寒，然后知松柏之后凋也。"

意思是，到了每年天气最寒冷的时候，当其他植物都已凋零后，才知道松柏挺拔、不凋落。

孔子是用这句颇有诗意和文采的话，指出一个人在经受苦难，遭遇颠沛流离时的表现，往往更能折射出品格和境界。

孔子这句话，与他当时所处的境遇有关。据《荀子·宥坐篇》记载，

“孔子南适楚，厄于陈蔡之间，七日不火食，藜羹不糁，弟子皆有饥色。”

“孔子厄于陈、蔡”是一个著名的历史事件。当孔子周游列国十四载后，发生了“陈蔡绝粮”事件，可以说是孔子一生中最困顿、狼狈的一次经历。对于这一事件，陈州府（今周口市淮阳区）明代古碑《厄台碑》中将它与“天地厄于晦月，日月厄于薄蚀，帝舜厄于历山，大禹厄于洪水，成汤厄于夏台，文王厄于里”相提并论。

据说河南淮阳当地传说，孔子受困后无粮充饥，弟子们只能采摘野菜充饥。即便如此，孔子仍很有圣人风范，他的屋内不时传出悠扬的琴声。

当时，子路对子贡说：“我们的老师说累德、积义、怀美，行之日久。然而，他却被鲁君驱逐，被卫君免去官职，在宋国被追杀，现在又困居在陈蔡之间。不受到地方政府的保护，时时刻刻有被欺凌、谋杀的风险。一个人做了善事会得到上天的祝福，做了坏事，会受到上天的咒诅，可是，为什么总是让我们的老师生活在困境中呢?”

颜回就把弟子们的这些议论告诉了孔子。孔子把琴往旁边一推说道：“子由和子贡这俩家伙都是小人吗？让他俩进来，为师有话告诉他们。”

子路和子贡走进屋，子路抢先说：“今时今日，我们可以说已经是穷途末路了。”

孔子道：“怎能这么说呢？君子能够通达道义就叫做通，不能通达道义才叫才叫穷。如今，我坚持仁义正道，所以遭遇忧患，遇到忧患就放弃仁义之道，还能算君子吗？既然怀抱仁义正道，就不能说是穷途末路。要到岁寒之时，才知道松柏是最后凋谢的啊！”

说完，孔子又把琴拿过来，继续抚琴。子贡惭愧地向老师致歉道：“我真是不知天有多高，地有多厚啊！”

夫子自嘲

古人认为：“师不必贤于弟子，弟子不必不如师。”孔子对此有着清醒的认知。

据《论语·公冶长》里记载，有一天，孔子问学生子贡：“你讲老实话，你自己与颜回比比看，哪一个好？哪一个了不起？”

子谓子贡曰：“女与回也孰愈？”对曰：“赐也何敢望回？回也闻一以知十，赐也闻一以知二。”子曰：“弗如也；吾与女弗如也。”

试译：

孔子对子贡说：“你与颜回相比，谁更强一些？”

子贡回答说：“我怎么能和颜回相比呢？颜回听到一件事，就可以推演知道十件事；而我呢，知道一件事，也就能推知两件事而已。”

孔子说道：“你是赶不上他啊！我赞同你的说法，我和你确实不如他！”

说这话时候的孔子，宽厚慈爱，与弟子开诚布公，谈话间充满自嘲与诙谐。

钱穆在《论语新解》中写道：“此章不仅见孔门之多贤，亦见孔子之胸襟，与其当时心情之欢悦。两千五百年前一大教育家之气象，与夫其师弟子间一片融合快乐之精神，尽在目前矣。”

孔子也曾多次接受过弟子的批评，他对于自身的失误，态度是不回避。《论语·述而》中有这样的记载：

陈司败问昭公知礼乎，孔子曰：“知礼。”孔子退，揖巫马期而进之曰：“吾闻君子不党，君子亦党乎？君取于吴，为同姓，谓之吴孟子。君而知礼，孰不知礼？”

巫马期以告。子曰：“丘也幸，苟有过，人必知之。”

试译：

陈司败向孔子询问鲁昭公懂得礼吗，孔子回答说：“懂礼。”

孔子走出来之后，陈司败便向孔子的徒弟巫马期作了个揖，让他走近自己，然后说：“我听说君子无所偏袒，难道你的老师竟然也有偏袒吗？鲁君从吴国娶了位夫人，吴和鲁是同为姬姓的诸侯国，因为不便称她为吴姬，于是就叫她吴孟子。鲁昭公若是知礼，那么天下人还有哪一个不知礼呢？”

巫马期把陈司败的话转告给了孔子。孔子道：“我何其幸运，如果有错误，别人就一定会指出来。”

陈是陈国，司败是官名，就是司寇。他向孔子问问题时就问到鲁昭公。

鲁国是孔子的祖国，这其实涉及到外交上的形象问题。鲁国是讲文化的礼义之邦。陈国的司寇，就问到鲁昭公知礼不知礼。孔子站在国家的立场只有说：“那当然知礼。”

孔子知道这位司寇在故意找茬，所以讲了这话就走了。

其实，孔子对于鲁国国君是否知礼，心里明白得很。但别人问到自己国家的国君时，他有“为尊者讳”的义务，所以当然要说鲁昭公知礼。你们怎么议论鲁国国君，是你们的权利。身处外交场合，你问我，我也只能这样回答。所以这也是孔子说话艺术的高明之处，同时也是一种“外交辞令”。

天下有道，丘不与易也

《论语·微子》中有这样一段：

长沮、桀溺耦而耕，孔子过之，使子路问津焉。

长沮曰：“夫执舆者为谁？”

子路曰：“为孔丘。”

曰：“是鲁孔丘与？”

曰：“是也。”

曰：“是知津矣！”

问于桀溺。桀溺曰：“子为谁？”

曰：“为仲由。”

曰：“是鲁孔丘之徒与？”对曰：“然。”

曰：“滔滔者天下皆是也，而谁以易之？且而与其从辟人之士也，岂若从辟世之士哉？”

耰而不辍。

子路行以告。夫子怃然曰：“鸟兽不可与同群，吾非斯人之徒与而谁与？天下有道，丘不与易也。”

试译：

“长沮”和“桀溺”两位隐士，正在河边合力耕地。

孔子从那经过，却找不知道渡口在哪里。

孔子让子路去打听渡口。子路恭敬地向他们问路。

长沮向远处孔子一行望了望，问：“那驾车的人是谁？”

子路说：“是（我的老师）孔丘。”

长沮说：“是鲁国孔丘吗？”

子路说：“正是。”

长沮说：“既然是他，他自己就该知道渡口在哪里。”

于是，子路又转过头去问桀溺。

桀溺也是不回答他的问题，问他："你是谁啊？"

子路说："我是仲由。"

桀溺说："是鲁国孔丘的门徒吗？"子路说："是的。"

桀溺说："如洪水一样的坏东西，到处都是，谁又能改变得了呢？你与其跟随孔丘那种逃避坏人的人，还不如跟随我们这些逃避整个社会的人呢。"

一边说，一边还不停地播种后翻土、盖土。

子路回来告诉孔子。孔子怅惘地叹息道："人是不能和鸟兽合群共处的，我不和世人在一起，还同什么在一起呢？正是由于天下无道，才要我们来努力改变它，假若天下有道，还用得着我去改变现状吗？"

长沮、桀溺这两位隐士，一个高个子，一个大块头。因为他们都站在水田里，《论语》中依据二人的外形特征，把他们记为"长沮"和"桀溺"。

两位隐士认为孔子这种"知其不可为而为之"的态度，纯属浪费功夫，还不如睡大觉呢。子路向这两个人问了半天路，这两个人偏偏就是不告诉他渡口在哪里，反而把子路调戏了一番，甚至要挖墙脚，拉他一起隐居种庄稼。孔子知道后，也只能怅惘叹息。每个人的处世态度，都是出于自己的选择。正所谓"人各有志，不能强求"。

以貌取人，失之子羽

《论语 · 雍也》中有这样一段：

子游为武城宰。子曰："女得人焉耳乎？"

曰："有澹台灭明者，行不由径，非公事，未尝至于偃之室也。"

试译：

子游在武城这个地方做县长。

孔子说："你在那里得到了什么人才没有？"子游回答说："有一个叫澹台灭明的人，做事不抄小路，没有公事的时候，也从不会到我屋子里来。"

"澹台灭明"是孔子的一位高徒的名字，他复姓澹台，名灭明，字子羽。子羽比孔子年轻39岁，相貌很难看。在这以前子羽曾见过孔子。孔子没太注意他，这位年轻人就走了。

子羽来到南方，经过努力，成绩斐然，他和他的弟子们名动诸侯。他到哪里都成为各国诸侯的座上宾。子羽还带有任侠之气。

子游在武城发现了子羽，又将他介绍给孔子。说此人"行不由径"，其实是一种比喻，走路绝不走小路，即做事踏实稳重，是一种夸赞。

在《史记·仲尼弟子列传》中，孔子曾感叹："吾以言取人，失之宰予，以貌取人，失之子羽。"孔子后来感叹"人不可以貌相"。中国人常用孔子一句话，"以貌取人，失之子羽"，说的便是这段故事。

关于澹台灭明这个人，明代文学家张岱在《夜航船》中还特意讲过一个段子。话说有一个和尚，与一个饱读诗书的秀才搭乘同一条夜航船。船行过程中，那位秀才就开始高谈阔论。一开始，和尚以为对方既然饱读诗书之人，肯定学问很深，态度就非常恭敬，甚至蜷起腿缩在船的一角，大气不敢出。但随着那位秀才讲得越来越多，这个和尚也看出这位秀才开始露出破绽。于是，这个和尚就故意请教秀才："请问相公，这澹台灭明是一个人，还是两个人？"那位秀才不假思索地回答："当然是两个人。"和尚接着问道："既然如此，那尧舜是一个人、两个人？"秀才又直截了当地回答说："自然是一个人！"那和尚听了后很是无奈，说道："这样说来，水平也不过如此，且待小僧伸伸脚。"

我又做到了哪一点呢？

在《论语·述而》中，孔子谦虚地介绍了自己的教学工作：

子曰："默而识之，学而不厌，诲人不倦，何有于我哉？"

试译：

孔子说："把所见所闻默默地学习记下来，追求学问不满足，教诲别人也不倦怠，这些事，我又做到了哪些呢？"

孔子的学生子贡了解自己的老师，这三点，表面上看是很容易的，做起来其实非常难。所以，孔子是一个真正的教育家。子贡说："学不厌，智也；教不倦，仁也。仁且智，夫子即圣也。"不断学习而不知厌倦，是非常有智慧的人才能做到的；教化别人不知疲倦，这是极有仁心的人。两者加在一起，可以称得上圣人了。

在《论语·子罕》中，孔子再次发出了"何有于我哉"之问：

子曰："出则事公卿，入则事父兄，丧事不敢不勉，不为酒困，何有于我哉？"

试译：

孔子说："出外便服务于公卿，回家便服务于父兄，遇丧事不敢不尽礼，不被酒困扰，这此事，我都能够做到哪些呢？"

历朝历代的统治者都强调“孝”，以“孝”治天下。在儒家的思想体系里，它是对所有人的要求，而孔子本人也是“孝”这种价值观的身体力行者。在这里，“何有于我哉”，就是“对我而言，却又做到了哪一样呢?”意思是说，自己已经基本上做到了这几点，但还不够到位。

孔子一再强调“我又做到了哪一点呢”，不光是谦虚，也是在提醒弟子，不要自满，做到这四桩事情，并不是容易的。

理想中的大同世界

在《论语·公冶长》中，记录了孔子和颜回、子路师徒三人的一次务虚谈心：

> 颜渊、季路侍。子曰：“盍各言尔志?”
>
> 子路曰：“愿车马衣轻裘，与朋友共蔽之而无憾。”
>
> 颜渊曰：“愿无伐善，无施劳。”
>
> 子路曰：“愿闻子之志。”
>
> 子曰：“老者安之，朋友信之，少者怀之。”

试译：

颜渊、子路两人侍立在旁。孔子说：“你们何不各自说说自己的志向?”

子路说：“愿意拿出自己的车马衣服，与朋友们共同使用，用坏了也没有什么不满。”

颜渊说：“我愿意不夸耀自己的长处，不表白自己的功劳。”

子路向孔子说：“愿意听听你的志向。”

孔子说：“（我的志向是）让老者安心，朋友们信任我，年轻人能够得到关怀。”

子路的话，体现了他的个性，浑身透着一股游侠儿的气概。如果自己发了大财，家里有豪车、华服，可以让所有认识的人一起分享，随便用，用坏了也不介意。

颜回与子路的性格形成了鲜明的对比。颜回说：“我希望对于社会虽有贡献，却不夸耀；有功劳，却不骄傲。”

而孔子所说的，其实也正是《礼记·礼运篇》中大同思想的体现。即老年人都能有安顿，有所养；朋友之间，互相信任，没有猜疑；年轻人都怀有美好的理想，也可以理解为关怀年轻的一代。如果这三点都能做到，那就达到了所谓的圣境了。

以左丘明为同道中人

《论语·公冶长》中有这样一段，记载了孔子认为自己与左丘明是同道中人：

> 子曰：“巧言、令色、足恭，左丘明耻之，丘亦耻之。匿怨而友其人，左丘明耻之，丘亦耻之。”

试译：

孔子说：“花言巧语，装出好看、伪善的面色，十足地恭顺，这种态度，左丘明认为可耻，我也认为可耻。把仇恨暗藏于心，表面上却同人要好，这种行为，左丘明认为可耻，我也认为可耻。”

如果和人产生了摩擦，产生了矛盾，虽然心里不高兴，却又不说出来，还装着和以前一样，这就叫做“匿怨而友其人”。

左丘明著有《春秋左传》，与孔子同时或略早于孔子，曾任鲁国的太史。

春秋时代史官文化的一个重要特征，就是秉笔直书，崇尚历史文献记录的真实性。

比如，齐国权臣崔杼憎恨齐庄公与妻子姜氏通奸，崔杼睁只眼闭只眼。到后来，齐庄公公然到崔家与姜氏幽会，甚至将崔杼的帽子赏给仆役，对崔杼公然羞辱。这就激怒了崔杼。于是，崔杼便制造机会，诱骗齐庄公到自己家里与姜氏幽会，然后借机杀掉了齐庄公。

事后齐国太史记录国史时，便秉笔直书“崔杼弑其君”。崔杼又气又怕，因为谁也不想在史书上留下弑君的恶名，就杀掉了这名史官，然后让这位史官的二弟接替其兄位置。没想到这位史官照样写“崔杼弑其君”，于是，崔杼又把新上任的史官也杀了。史官最小的弟弟接替两位哥哥的工作，继续照样写“崔杼弑其君”。崔杼没有办法，只得不杀了。当时，邻国还有位一位史官南史氏，听说齐国太史兄弟二人已经被杀，他害怕老三也被杀，史书上不能留下“崔杼弑君”的记载，就手持竹简前往临淄，准备接替完成历史记录工作，后来得知记录已经完成，才中途返回。

不如归去

子在陈，曰：“归与！归与！吾党之小子狂简，斐然成章，不知所以裁之。”

试译：

孔子在陈国的时候说：“回去吧！回去吧！我老家的那帮后生虽然有豪气，却行为粗疏，尽管文采斐然，我不知道怎样去指导他们。”

此处其实是孔子的一段传记。孔子周游列国，已经快到晚年，在政治上仍然没有大的建树。

鲁哀公三年，鲁国权臣季桓子去世，他的儿子季康子想要召孔子的学生冉有回去，协助办理政务。

孔子说："鲁国人召回冉求，将要重用他。"

也就在这一天，孔子发出了"回去吧，回去吧！"的感叹。

孔子周游列国，所走的大致路线是鲁国、曹国、宋国、陈国及匡。陈国在河南淮阳一带。孔子在陈蔡之间的遭遇，也是他决心回到故国的一个重要原因。

孔子有很多当官的机会，但是他坚持自己的施政理想，有所不为。孔子已经过了知天命之年，他预感到自己也很快也会被鲁国请回去。这个时候的孔子，已经是暮年，生出了一种想要回故国讲学的念头。所以，他计划回到自己的国家为年轻人讲学。

"吾党之小子狂简"，党是古代地方组织的名称。在古代，五百家为党，一万二千五百家为乡，合而称乡党。"吾党"，就是我的家乡。"吾党之小子"，也就是鲁国这一些跟随他的学生们。

"狂简"，志向远大而行为粗疏，狂与简是两个特质。狂指慷慨，简指轻易、草率。正所谓"人不轻狂枉少年"，多数年轻人的风格是"狂"。修身不够，就容易"简"。孔子认为，老家的这些后生，虽然文采不错，但"不知所以裁之"，所以需要加以教导，为国家储备人才。

进取的一生

在《论语·为政》中，孔子这样回顾自己的一生：

子曰："吾十有五而志于学，三十而立，四十而不惑，五十而知天命，六十而耳顺，七十而从心所欲，不逾矩。"

试译：

孔子说："我十五岁就立志学'礼'，到三十岁时懂'礼'，说话做事都有把握，到了四十岁时，掌握了各种知识，遇事就不再感到困惑，五十岁就（知道哪些事非人力所能改变支配）得知天命，六十岁时能听得进逆耳之言，七十岁可以随心所欲，任何念头不超出规矩。"

孔子是在七十多岁的时候说的这段话，这是他在告别人世之前，对自己生平的回顾。无论后世如何写"孔子传"，都不如孔老夫子自己的总结精辟、到位、可信。

孔子说，"十有五而志于学"，到15岁才知道下决心学习（礼乐）。

孔子说，"不学礼，无以立"。孔子的"三十而立"，是因精通礼乐而"立"。孔丘30岁那年，因"知礼"而名满天下，齐景公和晏子到鲁国访问，这二人都向孔子请教礼，可见孔丘已经名满天下。

孔子说，自己到40岁时候才不犹豫，才不疑惑。孔子三四十岁这段时间，主要是教书育人，读书和教书，教学相长的过程中，让孔子变得更加睿智，对世事看得更加透彻，这就是"不惑"。

孔子说，直到50岁的时候，自己才领悟天命！"四十不惑"之后，孔子又下了十年功夫，才把所有阅历与道理相互参悟，达到了"知天命"的境界。孔子所言的"天命"，说穿了，就是要出来当官。孔子说"加我数年，五十以学《易》，可以无大过矣"。他是研悟《易经》学到50岁，51岁才当官。孔子最高官职，是成为鲁国的大司寇。其主要政绩是"堕三都"，也就是拆掉鲁国三大权臣的城墙。结果，这件事不但得罪了三大权臣，还得罪了鲁君。孔子在55岁的时候，不得不退出鲁国政坛，离开故国。

孔子说，自己直到60岁的时候，才能听得进去所有的声音，包括逆耳忠言和顺耳赞美。意即到了60岁什么话听起来都心情顺畅，都无所谓。

离开鲁国后，孔子从55岁到60岁，一直都是在卫国从政。但是，在孔子60岁这年，卫国宫廷发生了继承人争夺战。原因是卫灵公死后，针对该由谁作为合法继承人的问题，出现了争端。孔子为避乱而离开卫国，带着一大群弟子，途经曹国、宋国、郑国、陈国、蔡国五个诸侯国，这才到达楚国边境的叶地，但叶地的叶公不认可孔子的学说，借口孔子太老而不任用他，孔子被迫原路返回，又辗转回到了卫国。对于这段颠沛流离的经历，孔子并没有太多抱怨。因为他已经到达了“耳顺”的境界，对于隐士逸民的各种冷嘲热讽也感到无所谓。

到了70岁的时候，孔子修养已臻化境，不论怎样说话、做事，都随意挥洒，而不会违反道德和“礼”。68岁时，孔子回到鲁国，他想回家，但已经没有家了。69岁那年，孔子唯一的儿子去世，他无奈恸哭。72岁时，能够继承他的道统的学生颜回死了。73岁时，他的门徒子路也在战争中死于乱刃之下。

从政治理想的角度讲，孔子的一生充满了悲剧色彩。

第十一章

微言大义，文采若云

第十一章

微言大义，文采若云

微言大义，就是精微的语言中暗含了深刻的道理。《汉书·艺文志》中说："昔仲尼没而微言绝，七十子丧而大义乖。"这句话是讲，当孔子去世后，世间微言大义的话语就渐渐消失了，孔子的学生死后，大义就经常被背离了。

孔子的言语非常具有文采，很多话朗朗上口，流传至今。正如《文心雕龙·征圣》中对孔子的评价："夫子风采，溢于格言"。他主张"言而无文，行之不远"。世称孔子为"文圣" 。

孔子开创的春秋笔法

在孔子69岁时，他又被鲁国召回。

此时，孔子一边在杏坛为弟子讲学，一边删定群经。孔子一生喜欢音乐，喜欢诗歌，他搜集各国的民歌民谣，加以筛选删定，编成了《诗经》，此书成为我国最早的一部诗歌总集。

孔子晚年编纂了一部名为《春秋》的史书，记载了从鲁隐公元年到鲁哀公十四年共242年间的重要事件。

孔子编纂《春秋》时，对于那些重大的、不好下定论的事件，创造了一种寓褒贬于曲折文笔之中的文章写法，也就是不明记其事，只以三言两语，做点到为止的提示，然后让读者自己体味。孔子这种寓褒贬于记述的写作方法，被称为“春秋笔法”。

“春秋笔法”，也称“春秋笔削”或“春秋书法”，又称“微言大义”。顾名思义，它是一种古人叙述历史的技巧和语言艺术。

史官制度在中国延续了几千年，史官有素秉直书实录的传统，具有使“乱臣贼子惧”的监督功能，因为恶行一旦“上史书”，就将遗臭万年，因此便间接地产生了某种制约力量。所以，梁任公曾说：“中国于各种学问中，惟史学最发达，史学在世界各地，惟中国最发达。”

借助于“春秋笔法”，孔子通过写历史来确立人间是非善恶的准则，“别嫌疑，明是非，定犹豫，善善恶恶，贤贤贱不肖”。正因如此，才有“孔子成《春秋》而乱臣贼子惧”的说法。

在《论语》中，孔子也延续了春秋笔法的叙述风格。

孔子到楚国时，楚昭王想以地七百里封孔子。却遭到了楚令尹子西的劝阻。子西认为，孔子所推销的，是三皇五帝的法度，周公召公的文化，如果真的推行孔丘的政治理想，楚国就不会形成称霸一方的实力。

更重要的是，子西认为，让孔子及其弟子在楚占有土地，实在对楚不利。孔子周游列国的时候，排面很大，弟子众多，而且人才济济，他的“理想国”中的各项人才储备都有。孔子曾经讲过，冉雍可以做诸侯，子贡可以做宰相，子路可以做统帅。

子西之问确实有一定的道理，这人才储备，堪比尚未建立根据地的刘备，收容孔子还押给他一块封地，岂不等于给自己埋了一颗政治炸弹？所以，楚昭王很快就反悔了。

子西曾经阻挠过孔子，但从楚国的政治立场看，子西其实算得上是一位忠臣。所以，在《论语》中，孔子对子西的评价还算厚道，并没有对他作出刻薄的批评。只是说出了“彼哉彼哉”（“他呀！他呀！”）的微词。

以“不知道”搪塞

春秋时期，是一个“礼崩乐坏”的时期，是中国历史发生空前大变革时期，这种变革的力量，远远高于改朝换代，而是制度范式的变革，可以说是“千年不遇之变局”。

《论语·八佾》中有这样一段：

或问禘之说。子曰：“不知也；知其说者之于天下也，其如示诸斯乎！”指其掌。

试译：

有人问孔子关于“禘”这种祭祀的规定。

孔子说：“我不知道；知道的人，对治理天下的事，就会像把这东西摆在这里一样（容易）吧！”（一面说一面）指着他的手掌。

孔子这个回答，可谓微言大义。

禘，是古代帝王在始祖庙里对祖先的一种盛大祭祀。每五年举行一次，由天子向上天总结陈述这五年来执政的得失。

禘的基本精神就是序昭穆，也即辨贵贱、辨贤、逮贱、序齿。简而言之，它是强调秩序。

孔子认为，这么重要的事情，大家应该都知道的。既然大家都不知道，那么我也不知道了。

孔子指着自己的手掌说，真正懂得禘的文化精神，就是理解了秩序的意义，他治理天下，就易如反掌。

孔子之所以回答“不知道”，可能还有一个原因，是为尊者讳。汉代儒学家孔安国认为，是为鲁讳。

鲁庄公的两个儿子，鲁闵公是嫡子，鲁僖公是庶子。闵公先继位做鲁国国君，闵公死后僖公再继位。结果后人把僖公的牌位放在闵公之前，排的顺序错了，这叫逆祀。这其实是对秩序的破坏，当然也就有违禘祭的精神。孔子提倡“为尊者讳”，所以当有人问孔子禘祭之礼如何，他为了维护国君的尊严，只能避讳说“不知道”。

什么样的人才算君子？

子曰：“言顾行，行顾言。”说话要符合自己的行为，行为要符合自己说过的话。孔子一向反对说话言过其实、言行不一。

孔子反对巧言令色，所以，在《论语·学而》中，孔子曾经说：“巧言令色，鲜矣仁。”意思是，巧言利齿、油嘴狡辩，善于说一些场面话的人，很少能达到仁的境界。

孔子认为，有些人夸夸其谈，大道理、场面话，一套又一套，仅仅听其言，比谁都明事理，但就是不能脚踏实地。“令色”是态度上好像很仁义，这些人很少有仁德，很少真能实现“仁”的境界。因为他们喜欢的只是“作秀”罢了。《论语·为政》中有这样一段对话，记载了子贡向孔子问怎样做君子：

子贡问君子。子曰：“先行其言，而后从之。”

试译：

子贡向孔子问怎么才能做一个“君子”，孔子回答道：“作为君子，对于要说的话，先实行了，而后再说。”

孔子认为，真正的君子，要把实际的行动，摆在言论的前面，少说空话，多做实在的事情。《论语·卫灵公》中有这样的记载：

子曰：“君子不可小知而可大受也，小人不可大受而可小知也。”

试译：

孔子说：“对君子不能用小事进行考验他，因为他可以承担重大的使命。小人不可以承担重任，却可以用小事来考验。”

对于孔子的这种“双重标准”，朱熹是这样解释的：“盖君子于细事未必可观，而材德足以任重；小人虽器量浅狭，而未必无一长可取。”

“君子不可小知而可大受”，也可以用一则寓言故事来注解。

杨朱进见梁王，说治理天下就如同在放在手心里摆弄东西一样容易。

梁王说：“先生你连家里的一妻一妾都管不好，三亩大的菜园都除不净草，却说治理天下就如同在手掌上玩东西一样容易，您怎么敢这么说呢？”

杨朱答道：“您见过放羊吗？成百只羊合为一群，让一个小童拿着鞭子就能放牧群羊。但是，如果让上古的圣贤尧牵着一只羊，让上古的圣贤舜拿着鞭子跟着这只羊，反而不能把这一只羊管理好了。能吞下船只的大鱼不会去小河小川之中遨游，黄钟大吕这样的音乐，不会给闲散人等的舞蹈伴奏。所以，将治大者不治细，成大功者不小苛。说的就是这个道理。”

求仁而得仁

卫灵公在世的时候，对孔子是有恩的。公元前492年，卫灵公去世，公子辄即位，这就是卫出公。姬辄是卫灵公的孙子，太子姬蒯聩之子。

姬辄的父亲为姬蒯聩，是卫灵公的长子，按照正常的继承顺序，应该由姬蒯聩继位。可是，由于姬蒯聩得罪了卫灵公的夫人南子，逃亡到了晋国。

灵公死后，姬蒯聩一直不满意自己的儿子姬辄抢了本应属于自己的君位。晋国这个时候，也想借把蒯聩送回之机，在军事和外交上占点便宜，就陈兵准备攻打卫国，最终被卫国抵御。姬蒯聩也因为有通敌之嫌，被拒绝归国。

这个时候，孔子的弟子们都希望知道老师是什么立场和态度。冉有是很聪明的，他想打听孔子对于卫国之乱的态度，但又不知道该如何去问。于是，他便找到了子贡，让子贡去问。《论语·述而》中记录了这次对话：

冉有曰："夫子为卫君乎？"

子贡曰："诺；吾将问之。"

入，曰："伯夷叔齐何人也？"

曰："古之贤人也。"曰："怨乎？"

曰："求仁而得仁，又何怨？"

出，曰："夫子不为也。"

试译：

冉有说："老师会帮助卫君吗？"

子贡说："好，我去问问老师吧。"

子贡进入孔子房中，问孔子："伯夷和叔齐是怎样的人呢？"

孔子说："他们是古代的贤人啊。"

子贡说："他们会有怨悔吗？"

孔子说："他们求仁德而得到了仁德，为什么要怨悔呢？"

于是，子贡走出来，答复冉有说："夫子是不会帮助卫国国君的。"

冉有自己不敢当面向孔子提这件很棘手的事，但子贡也不好去直接问。子贡也很聪明，为了摸清老师对此事的真实看法，就另辟蹊径，绕个弯子来提问。要知道，当时卫国的这种情势，其实是姬蒯聩与姬辄父子争夺君位之乱，与伯夷、叔齐互相推让君位形成了鲜明的对比。子贡问了个关于伯夷、叔齐的问题，并通过孔子的评价，推断出孔子是不会帮助卫出公的。

贤者辟世、辟地、辟色、辟言

《论语·宪问》中有这样一段：

子曰："贤者辟世，其次辟地，其次辟色，其次辟言。"

子曰："作者七人矣。"

试译：

孔子说："贤良的人会为了避开混乱的社会而隐居，次一等的会搬离混乱的地方择地而处，再次一等的避开礼貌不恭者，再次一等的会回避难听的话。"

孔子又说："像这样的人已经有七个了。"

贤者在混乱的时代，会和隐士一样脱离社会，来保存自己高洁的品格。他所回避的，是整个时代，叫辟世。贤人知道，无论去哪里都一样，所以他远离名利场，回归山林，归田园居。

次一等的贤人，没有那么决绝，他们只是"辟地"。他们还是对这个世界有所期望，他们要寻找一片净土。"乱邦不居，危邦不入"，这就是辟地的意思。然而，在乱世当中，要去找一片人间净土也不容易，所以，"辟地"而居，是次一点的选择。

再其次是辟色，也就是避开那些礼貌不恭者。齐国为了离间鲁国君臣，就送了一些美女给鲁定公。在祭祀的时候，鲁定公注意力全在美女身上了，就对祭祀草草了事。孔子长叹一声，带着子路出走，周游列国去了。

最后是辟言，当国君讲话已经很不妥当时，就应该知道是已经讨厌你了，就要选择离开。孔子一向都有一个原则，那就是："邦有道，危言危行；邦无道，危行言孙。"

像这种隐士，孔子曾经遇到过多个，仅在《论语》中出现过的有楚狂、长沮、桀溺、荷蓧丈人、荷蒉者、晨门……这些人都是对孔子极尽嘲讽，但孔子从来不介意。以楚狂为例。

孔丘63岁那年，正身在楚国。楚昭王想要给孔子一块封地，却因受令尹子西的劝谏而未果。楚昭王死后，孔子知道自己已经无法在楚国立足了，就打算离开。《论语・微子》中记载：

楚狂接舆歌而过孔子曰："凤兮凤兮！何德之衰？往者不可谏，来者犹可追。已而，已而！今之从政者殆而！"

孔子下，欲与之言。趋而辟之，不得与之言。

试译：

楚国有一位狂人，唱着歌经过孔子的车子，他唱道："凤凰啊，凤凰啊！为什么你的德行如此之衰微！过去的已经不能挽回了，但将来的还要从长计议啊。算了吧，算了吧！现在的执政诸公危乎其危！"

孔子下车，想与他聊聊。他快步避开了，孔子没能与他交流。

《庄子・人间世》对孔子的这段经历也有记载。

要知道，凤鸟是一种祥瑞，只有在天下太平、明主主政天下的时候才会出现。楚狂在这里借用这个典故，以凤鸟比喻孔子，意思是说你虽然不是一只凡鸟，怀有盛德和政治理想，可惜生不逢时，只有盛世和明君才配拥有，你只适合在天下太平的时候出现，可惜，你生错了时代，这混乱黑暗的世道，只会玷污你的盛德。过去的事，不如让它过去吧，未来倒还是值得期待的，不如保存实力，等到世道清明之时，再出来有所作为吧。

楚狂还说："天下有道，圣人成焉；天下无道，圣人生焉。方今之时，仅免刑焉。"

意思是说，天下有道之时，圣人就可以做出成就；天下无道之时，圣人要注意如何自保。现在这世道，能不被迫害入狱就不错了。这段话深刻地揭示了历史进程对个人命运的制约。

楚狂只是在佯狂，他的话一针见血，是要善意忠告孔子，天下无道，不如归去。这一年，孔子已经是63岁，也就是耳顺之年了。孔子听了楚狂歌声的劝诫以后，立刻动身，从楚国去了卫国。

畏天命、畏大人、畏圣人之言

孔子认为，做人要有一颗敬畏之心才能成为言行高尚的君子，在《论语·季氏》里，对于安身立命的处世之道，孔子有精辟的论述：

> 孔子曰："君子有三畏：畏天命，畏大人，畏圣人之言。小人不知天命而不畏也，狎大人，侮圣人之言。"

试译：

孔子说："君子害怕的事有三：敬畏天命（即必然规律），敬畏有德有位者，敬畏圣人的言论。小人不懂天命，因而不惧畏；他轻视德高位重的人，轻侮圣人的言论。"

《中庸》里讲："天命之谓性，率性之谓道。""天命"，是每一个人的性命之所从来，以及践行性命之所当然的价值本源存在者。一个人若是能够“畏天命”，无论顺境、逆境，都会“居易以俟命”，也就是所谓的“尽人事，听天命”。君子的“畏大人”，不是畏惧决定着自己人生命运的权贵，而是对圣贤的人格怀有敬畏之心。

小人的“不知天命而不畏”，乃源于或是不明白自己的性命义理所在，所以任意妄为，或是“行险以徼幸”，心存侥幸而无所忌惮，肆意妄为。小人不能将大人作为敬畏的人格示范，所以“狎大人”。小人厌恶、忌惮圣人的言教和思想，毫无敬畏，宁愿选择恣情纵欲，必然放弃甚至玷污“圣人之言”。

人当有敬畏之心。知敬畏，心有敬畏，意味着在言行举止上也是虔敬的。在《论语·子罕》中，记录了孔子日常言行的态度：

子见齐衰者、冕衣裳者与瞽者，见之，虽少，必作；过之必趋。

试译：

孔子见到穿丧服的、戴着祭祀礼帽礼服的人以及失明人士，相见的时候，孔子一定会挺直身子站起来，即使对方是个年轻人，孔子也会这样做。如果孔子从这些人身旁走过，一定会快走几步。

孔子讲究以礼待人，更知道礼数应因人而异，遇到不同的人，在不同的场合，要行不同的礼。对家有丧事者、尊贵者都展示出尊重的姿态，甚至见到失明的盲人，他仍然要直起身子，这其实一种发自内心的诚敬。

在《论语·卫灵公》中，记载了孔子是如何与盲乐师谈话的：

师冕见，及阶，子曰：“阶也。”及席，子曰：“席也。”皆坐，子告之曰：“某在斯，某在斯。”师冕出。子张问曰：“与师言之道与？”子曰：“然，固相师之道也。”

试译：

师冕前来见孔子，当他走到台阶边，孔子说：“这是台阶。”当他走到坐席边，孔子又说：“这里是坐席。”当大家都落座之后，孔子又介绍说：“某人在这个位置，某人在这个位置。”师冕告辞后，孔子的弟子子张问道：“这就是和盲人言谈的方式吗？”孔子说：“是的，这本来就是帮助盲人的方式。”

说起敬畏之心，南怀瑾老先生曾感慨说，过去的旧学，所受的就是这样的教育，特别讲究一个“礼”字。比如一个人回乡，即使是“衣锦还乡”，也要注意自己的礼数，即使在外面当了大官，发了大财，一旦回了家乡，经过祖坟或祠堂的时候，一定要远远地就开始下马、下轿，然后走路步行经过，否则要被人看不起，被人戳脊梁骨，被认为不懂事。

孔子“未见过”的五种人

孔子深谙人性，他知道什么是普通人的标准，什么是理想的标准。在《论语·子罕》中，孔子有一句很感慨的话。

子曰：“吾未见好德如好色者也。”

试译：

孔子说：“我没有看见过喜爱道德如同喜爱美貌一样的人。”

孔子周游列国，走到他最重视的卫国时，发现左右卫灵公的竟然是他美丽的夫人——南子。卫灵公迷于南子的美色，所以他虽然尊重孔子，却不能接受孔子的意见。

因此孔子对他感慨：“算了吧！我没有看到世界上有人好德如好色一样！”

通览整部《论语》，孔子用这种句式说自己“未见”的人共有五种，其它四种分别是：

《论语·公冶长》

子曰：“已矣乎！吾未见能见其过而内自讼者也。”

试译：

孔子说：“还是算了吧，我还没有见过能够发现自己的过失便自我批评的人呢。”

《论语·公冶长》

子曰：“吾未见刚者。”或对曰：“申枨。”子曰：“枨也欲，焉得刚。”

（前文已译，此处不再赘述）

《论语·季氏》

子曰：“见善如不及，见不善如探汤。吾见其人矣，吾闻其语矣。隐居以求其志，行义以达其道。吾闻其语矣，未见其人也。”

试译：

孔子说："见到良善的行为，努力追求，忧虑自己不能做到；看到不良的行为，尽量避开，就好像手被热水烫到了一样。我见到过这样做的人，也听到过有人讲这样的话。避世隐居来保全他的意志，践行仁义来推行他的主张。我听到过有人讲这种话，却还没有见到过这样做的人。"

《论语·里仁》

子曰："我未见好仁者，恶不仁者。好仁者，无以尚之；恶不仁者，其为仁矣，不使不仁者加乎其身。有能一日用其力于仁矣乎？我未见力不足者。盖有之矣，我未之见也。"

（前文已译，此处不再赘述）

知命、知礼、知言

在《论语·尧曰》收尾的最后一段，孔子再次提出理想中的君子人格的三个要点，即：知命、知礼、知言。

孔子曰："不知命，无以为君子也；不知礼，无以立也；不知言，无以知人也。"

试译：

孔子说："不能领悟天命，就没有可能成为君子；不学习与实践礼，就没有办法安身处世；不懂得分辨别人的言论，便无从了解人性。"

按照南怀瑾先生的理解，孔子这里所讲的命，并非算命、卜筮的命理玄学，而是指宇宙的某一种铁则，是人事、物理、历史的必然，是时间空间叠起来所形成的一股力量，这种力量可以称之为“命”。人对于命是无能为力的。

用现代的话来讲，一个人如果不知道时代的趋势，对于环境没有了解，不能有先见之明，就无法成为君子。

“不知礼，无以立也。”孔子所谓的“礼”，不仅仅是指君臣、父子、夫妻、兄弟、师生等所应遵循的礼仪，更是指君子以“仁”为最高指针，辨别是非，做出取舍之后，所坚守的一套处世态度。

“不知言，无以知人也。”可以理解为不知道“圣人之言”，就无法了解人性，当然也就学不会怎样做人了。

老天可曾说过什么话

某一天，孔子也许觉得自己已经说的足够多了，就告诉子贡，自己不想再说什么了。就像《道德经》上所讲的那样，“人法地，地法天，天法道，道法自然”，效法天地之道，行不言之教。

子曰：“予欲无言。”

子贡曰：“子如不言，则小子何述焉？”

子曰：“天何言哉？四时行焉，百物生焉，天何言哉？”

试译：

孔子说：“我不想再说话了。”

子贡说：“您如果不再说话，那么我们传述什么呢？”

孔子道：“天说了什么呢？四季照样运行，万物照样生长，天又说了什么？”

言语、文字都是道的载体，所谓文以载道，但是它又不是道，领悟大道，需要言语文字，又不能够执着于言语文字。

孔子曾说过“默而识之”，就是在无言、沉默中，领悟并记住。孔子这里提到的，也是“天道”。孔老夫子说，上天有什么话说呢？人的学问、修养，也是如此，我又何须多说？

子贡尚未领悟夫子之道，他仍执着于言语文字。子贡自己也承认：“夫子之文章，可得而闻也。夫子之言性与天道，不可得而闻也。”

三军可夺帅，匹夫不可夺志

在《论语·子罕》中，孔子表达了一种自由意志：一个人的行为，完全是你自己自由选择的，你要对你的行为负责，带来的光彩属于你自己，造成的羞辱也属于你自己，与他人无关。

子曰：“三军可夺帅也，匹夫不可夺志也。”

试译：

孔子说：“一国的军队，可以使其丧失主帅；一个男子汉，不能强迫他放弃主张。”

过去，普通百姓为一夫一妻，两者相匹配结合，被称为匹夫、匹妇。

孔子认为，三军虽可擒其帅，但一个男人，意志由自己负责，可以恪守信念，至死不渝。对此，孔子的后裔孔安国注释道：“三军虽众，人心不一，则其将帅可夺而取之；匹夫虽微，苟守其志，不可得而夺也。”在这里，孔子巧妙地运用了对比的修辞手法，肯定了人的自由意志和人格尊严。

学者李零认为，孔子有两条最难效仿：第一就是“三军可夺帅也，匹夫不可夺志也”“这是《论语》中我最喜欢的话”，李零教授认为，这两句话表达的“不是阿Q精神，不是精神胜利法。”这话充满了英雄气概，其实是一种大无畏的表现。即使没有任何依赖和支援，也绝不向恶势力低头。李零认为，孔子最难效仿的第二句话，就是我们前面已经讲过的“不义而富且贵，于我如浮云”。